ÀNGELS NAVARRO

12 MESES,
12 OPORTUNIDADES
DE CRECIMIENTO PERSONAL

terapiasverdes

Argentina • Chile • Colombia • España
Estados Unidos • México • Perú • Uruguay

INTRODUCCIÓN

Debo confesar que siempre había admirado la cultura japonesa, pero desde mi viaje a Tokio la admiración pasó a un estado superior. Me apasiona la importancia que dan a la estética, su estilo de vida simple y armónico, su empeño por el bienestar, su serenidad y como conviven con la modernidad tecnológica a la vez que con la tradición más zen. Me entusiasma su honradez, su nobleza, su educación, su extraordinaria amabilidad, la importancia que dan a la gratitud, el respeto que profesan a sus mayores, como evitan los enfrentamientos y el sistema sutil de normas sociales que poseen. Me asombra su sentido del deber, su disciplina, su actitud de servicio, su deseo de superación y el valor que otorgan a la comunidad. Se encuentran a años luz del individualismo liberal de occidente; en Japón el individuo existe, en tanto que miembro de un grupo o comunidad y por eso deben mantener la armonía del grupo y comportarse según lo que es socialmente adecuado.

El libro que tienes en tus manos aúna la sabiduría de la cultura japonesa fruto de fusión de las distintas formas de comprender y explicar el mundo (el budismo, el sintoísmo y las religiones occidentales), con herramientas clásicas de *coaching* como son el *Habit Tracker* (o registro de hábitos), el *Timeline* (o línea de la vida), el *Brainstorming* y el análisis *DAFO*.

12 meses, 12 oportunidades de crecimiento personal es un libro práctico, organizado según los meses del año, que te brindará técnicas, estrategias y enseñanzas para manejar de manera más consciente tu tiempo, aprender a fijar prioridades y tomar decisiones, asumir el conflicto como parte de la vida, convertir una actividad en hábito, aprender a decir no, detectar tus fortalezas y debilidades, superar los miedos, fomentar la creatividad, desarrollar hábitos de vida saludable, controlar el estrés, manejar herramientas de orden y limpieza, entre otras muchas cosas.

Al final de cada capítulo encontrarás un calendario que, a parte de las actividades sugeridas, podrás utilizar para fijar un plan de objetivos para cada uno de los temas en que se estructura el libro: autoconocimiento, hábitos, recursos, estrés, cuerpo, cerebro, sencillez, naturaleza, empatía, orden, creatividad y felicidad.

Solo me queda sugerirte que busques un lápiz para seguir las propuestas que encontrarás a continuación y desearte que el libro te sea útil y te ayude a conseguir un mayor bienestar.

¡No dejes pasar estas 12 oportunidades!

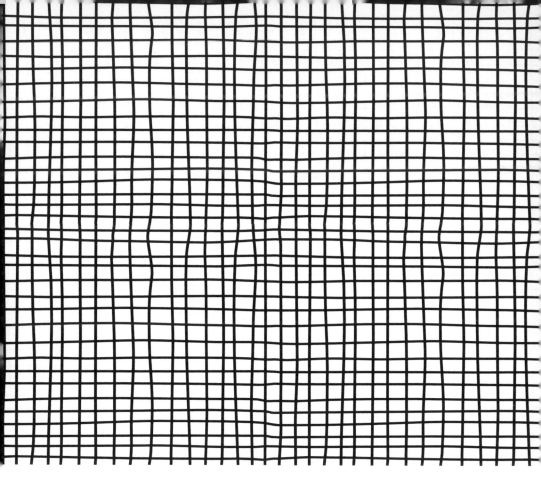

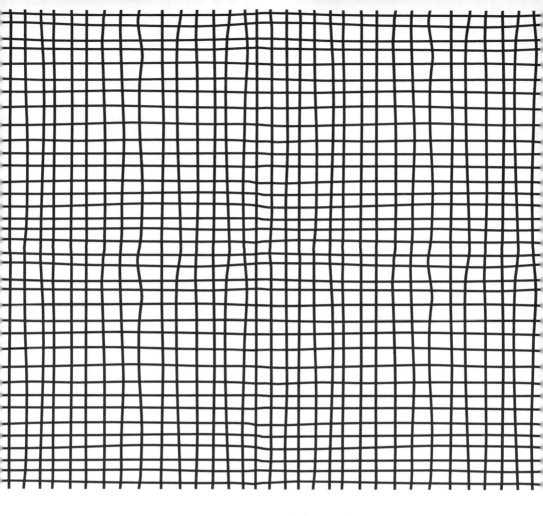

ENERO

Descubre cómo eres

Cualquier largo viaje empieza con un pequeño paso.

Lao Tse

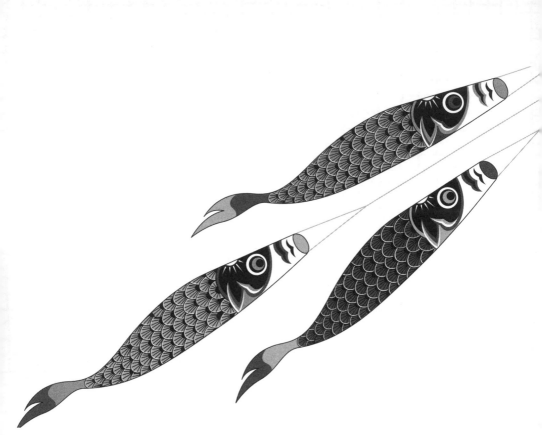

CONOCERSE A UNO MISMO Y CONOCER
MEJOR LA PROPIA REALIDAD ES
IMPRESCINDIBLE PARA PROCESAR Y
ELABORAR LAS SITUACIONES DIFÍCILES.

Elige 10 palabras que te definan
y escríbelas en papelitos.
Átalos a una cometa y déjala volar.
Quizás alguien recoja tus palabras
al otro lado del mundo.

ESPEJO, ESPEJITO, DIME QUÉ VES.

Descríbete como crees que te ven los demás.

LA **RUEDA DE LA VIDA** ES UNA HERRAMIENTA CLÁSICA DE **COACHING** QUE EXPRESA DE MANERA MUY GRÁFICA EL GRADO DE **SATISFACCIÓN** RESPECTO A DISTINTAS PARCELAS DE **NUESTRA VIDA** Y LA **ARMONÍA** ENTRE ELLAS.

Valora del 0 al 10 tu grado de satisfacción en algunas áreas importantes de la vida. Haz un punto en la casilla correspondiente del gráfico.

Cuando tengas todas las puntuaciones, únelas con una línea.

Este ejercicio te ayudará a identificar tu grado de satisfacción en cada área, a tomar conciencia rápidamente del estado vital en el que te encuentras y a detectar a qué áreas debes dedicar más trabajo para mejorarlas.

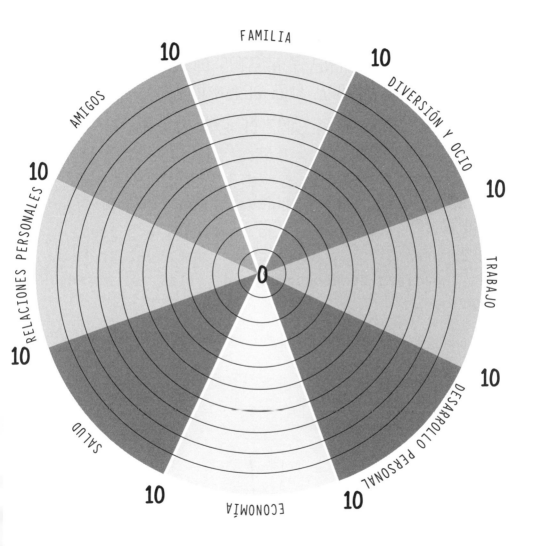

LA CONCIENCIA DE UNO MISMO CONSISTE EN EL CONOCIMIENTO
DE LOS ESTADOS INTERNOS PROPIOS Y EN LA GESTIÓN DE LAS EMOCIONES.

EXISTEN 200 EMOCIONES Y NUESTRO DICCIONARIO CONTIENE MÁS DE 2000 PALABRAS PARA DESIGNARLAS.

EL ROSTRO HUMANO ES CAPAZ DE EXPRESAR MÁS DE 7000 ESTADOS EMOCIONALES.

¿Cuántas emociones conoces? Anótalas aquí.
Identificar y nombrar las emociones nos ayuda a comprenderlas y expresarlas. A la vez, refuerza la capacidad de desconexión de ellas, si es necesario.

BUCEA EN TUS EMOCIONES MÁS PROFUNDAS, LAS ESENCIALES, LAS QUE SI NO SE ASUMEN CAUSAN DOLOR, UN DOLOR QUE ACTIVA LOS MECANISMOS DE DEFENSA.

LAS SIGUIENTES PREGUNTAS PUEDEN AYUDARTE:

¿Me he sentido vulnerable?

¿He tenido miedo a fracasar?

¿Me he sentido rechazado?

¿Necesito constantemente que me valoren?

¿He tenido problemas con mi autoestima?

¿Alguna vez he sentido que si no hago o no consigo... soy poco válido?

¿Intento siempre ser el centro de atención?

¿Alguna vez he intentado hacer daño a alguien consciente o inconscientemente?

¿Imploro afecto?

¿Culpo a los otros de mis problemas?

¿Me cuesta tomar decisiones?

¿Cumplo siempre mis compromisos?

¿Me enfado por tonterías?

¿Me he sentido desesperanzado, triste?

ACEPTAR QUE LAS COSAS NEGATIVAS QUE NOS SUCEDEN NOS AYUDAN A CRECER Y PROGRESAR NO ESTÁ REÑIDO CON APRENDER A MANEJAR Y CONTROLAR NUESTRAS EMOCIONES EN MOMENTOS DE MALESTAR.

Piensa en una situación preocupante o angustiosa que hayas vivido o estés viviendo y responde a las preguntas:

¿Qué me pasa en esta situación? Defínela.

¿Qué siento en esta situación?

¿Qué solución podría darle? ¿Qué debería hacer diferente?

¿Qué primer paso debo dar? ¿Qué recursos tengo para ello?

Pega en estas páginas una serie de fotografías
de tu vida que te ayuden a hacer las paces con
el pasado.
Después, no te olvides de soltar ese pasado, ya
que permanecer atrapado en él es demasiado fácil.
A continuación, elige un día y conviértelo en
el día en que dejarás atrás lo que te atormenta
del pasado.

TODOS TENEMOS UN PASADO DEL QUE APRENDER Y UN FUTURO QUE PROYECTAR. CONSTRUYE TU PROYECTO DE VIDA, PERO ANTES ANALIZA TUS...

FORTALEZAS

Características positivas que posees y que te facilitan la consecución de cualquier meta que te propongas.

OPORTUNIDADES

Apoyos externos que recibes y que facilitan o impulsan cualquier meta que quieras alcanzar.

AMENAZAS

Condiciones externas que impiden, obstaculizan o bloquean cualquier meta.

DEBILIDADES

Características personales que impiden, obstaculizan o bloquean cualquier meta.

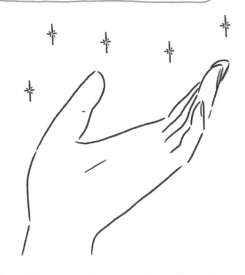

TUS FORTALEZAS

TUS OPORTUNIDADES

TUS DEBILIDADES

TUS AMENAZAS

MEJORA TU AUTOESTIMA

- NO TE CASTIGUES NI CENSURES.
- POTENCIA TUS FORTALEZAS.
- TEN EXPECTATIVAS REALISTAS.
- VALORA LO QUE TIENES, NO LO QUE TE FALTA.
- REFUERZA TUS PROGRESOS.
- NO TE COMPARES.
- DESCUBRE TU ENORME POTENCIAL.

ENERO

LUNES	MARTES	MIÉRCOLES

Planifica aquí tu primer mes del año
que es el mes de los grandes propósitos.

JUEVES	VIERNES	SÁBADO	DOMINGO

FEBRERO
Modifica tus hábitos

El pasado no lo puedes cambiar. El futuro todavía está en tu poder.

Autor desconocido

CAMBIA TU FORMA
DE VER LAS COSAS Y
LAS COSAS CAMBIARÁN.

CÉNTRATE EN LO QUE
REALMENTE IMPORTA.

HOY PUEDE SER EL DÍA EN QUE
DECIDAS ACEPTAR LO NUEVO COMO UNA
GRAN OPORTUNIDAD PARA CRECER.

¿Alguien o algo obstaculiza tu deseo de cambiar, de hacer lo que realmente quieres? A veces nuestro malestar emocional se debe a que interiorizamos normas, reglas y expectativas ajenas sobre cómo deberíamos comportarnos.

Nada ni nadie puede imponerte una forma de ser, pensar o comportarte.

NO PERMITAS QUE OTRAS PERSONAS DOMINEN TU VIDA.

ACTÚA Y TOMA TÚ LAS RIENDAS; con un poco de trabajo puedes cambiar tu vida. Escribe tus propias reglas aquí.

TOCA LIMPIEZA GENERAL:

¿QUÉ TE AGOBIA?

¿CUÁLES SON LOS SENTIMIENTOS O EMOCIONES DE LOS QUE QUERRÍAS LIBERARTE?

ANÓTALOS.

SUELTA LASTRE.

DESPRÉNDETE DE ESA MOCHILA TAN PESADA QUE LLEVAS.

LIBÉRATE DE CARGAS INÚTILES.

NO DEJES PASAR LAS **OPORTUNIDADES**, POR MUY DIFÍCILES QUE PAREZCAN. INTÉNTALO, PERSISTE: **SIEMPRE ENCONTRARÁS UNA SALIDA.**

CAMBIAR DE HÁBITOS ESTÁ A TU ALCANCE. TODOS PODEMOS ADOPTAR ACTITUDES QUE NOS SIRVAN PARA SER MÁS FELICES, EFICACES, HÁBILES Y SERENOS.

TEN EN CUENTA LAS SIGUIENTES PREMISAS:

1 SI UN HÁBITO NO TIENE UN PORQUÉ CLARO, UNA RAZÓN SÓLIDA PARA MANTENERLO, TERMINARÁS ABANDONÁNDOLO. IDENTIFICA POR QUÉ LO MANTIENES O QUIERES ADQUIRIRLO.

2 TOMA CONCIENCIA DEL HÁBITO QUE DESEAS MODIFICAR O CREAR Y RECUÉRDALO DÍA A DÍA. ESTE PENSAMIENTO SE CONVERTIRÁ EN ACCIÓN EN CUALQUIER MOMENTO.

3 RODÉATE DE PERSONAS QUE TE MOTIVEN, QUE TE ALIENTEN A SEGUIR ADELANTE CON TUS NUEVAS METAS.

4 NO TE DESANIMES SI FRACASAS. VUÉLVELO A INTENTAR. TEN PACIENCIA Y NO TE EXIJAS MÁS DE LO QUE PUEDAS ALCANZAR.

5 CONFÍA EN TI Y EN EL PODER DE TUS DECISIONES Y POCO A POCO TE HARÁS CON EL CONTROL DE TU VIDA.

CUANDO IDENTIFICAMOS LO QUE REALMENTE DEPENDE DE
NOSOTROS, PODEMOS CENTRAR NUESTRA ENERGÍA EN PROMOVER
CAMBIOS.

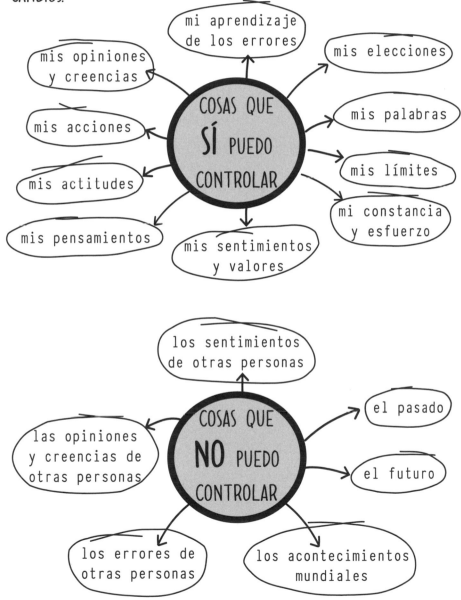

PARA MODIFICAR NUESTROS HÁBITOS COTIDIANOS NO ES SUFICIENTE CON VOLUNTAD Y ESFUERZO, NECESITAMOS CAMBIAR TAMBIÉN NUESTROS PATRONES DE PENSAMIENTO.

PARA CONVERTIR UNA ACTIVIDAD EN UN HÁBITO SE NECESITAN ENTRE 21 Y 84 DÍAS.

Pasos a seguir para crear hábitos:

- Escribe las metas a alcanzar.
- Define un plan.
- Abandona las excusas.
- Empieza poco a poco.
- Utiliza recordatorios y avisos.
- Crea rituales.
- Anota tu progreso diario.
- Date un premio cuando lo consigas.

Planea algo nuevo para hacer cada día: párate a
pensar, prueba comidas exóticas, cuida una planta,
comparte un amanecer, haz una ruta en bicicleta...

- LUNES

- MARTES

- MIÉRCOLES

- JUEVES

- VIERNES

- SÁBADO

- DOMINGO

CAMBIA TUS HÁBITOS DE CONSUMO PARA QUE SE AJUSTEN A TUS NECESIDADES REALES Y TAMBIÉN A LOS LÍMITES DEL PLANETA

¿Te has planteado por qué consumes, qué repercusiones tiene lo que consumes y si consumes de manera responsable? Responde SÍ o NO a las siguientes preguntas. Al finalizar, consulta la leyenda sobre los resultados.

- ¿Utilizas productos biodegradables? .... ☐
- ¿Si puedes, evitas un trayecto en coche y lo haces en bicicleta, en transporte público o a pie? .... ☐
- ¿Reparas y reutilizas siempre que es posible? .... ☐
- ¿Lees las etiquetas de lo que compras? .... ☐
- ¿Averiguas con qué materias primas se fabrican los productos que compras y si el proceso de manufacturación impacta en el medioambiente? .... ☐
- ¿Evitas los productos de un solo uso? .... ☐
- ¿Rechazas las bolsas de plástico? .... ☐
- ¿Das una segunda vida a las cosas antes de tirarlas? .... ☐
- ¿Evitas los productos envasados? .... ☐
- ¿Usas bombillas de bajo consumo? .... ☐
- ¿Regulas la temperatura de la calefacción y el aire acondicionado de forma adecuada? .... ☐
- ¿Aprovechas al máximo la luz del día? .... ☐
- ¿Cierras el grifo mientras te enjabonas, te lavas los dientes, lavas los platos...? .... ☐
- ¿Desconectas los aparatos cuando no los utilizas? .... ☐
- ¿Utilizas alfombras en invierno? .... ☐
- ¿Evitas entradas de aire por puertas y ventanas? .... ☐

- ¿Has regulado la temperatura de tu caldera? .... ☐
- ¿Has probado medios alternativos para calentar tu casa? ... ☐
- ¿Compras ropa de comercio justo? .... ☐
- ¿Compras comida de km 0? .... ☐
- ¿Haces una lista antes de ir a comprar? .... ☐
- ¿Buscas alternativas a los combustibles fósiles? .... ☐
- ¿Compras solo lo que necesitas? .... ☐
- ¿Compras productos sostenibles certificados? .... ☐
- ¿Evitas utilizar programas de secado de la lavadora? .... ☐
- ¿Compras en las tiendas de tu barrio? .... ☐
- ¿Has reducido la capacidad de agua de tu cisterna? .... ☐
- ¿Utilizas agua de lluvia para el riego? .... ☐
- ¿Cocinas siempre lo justo para evitar que sobre comida? .. ☐
- ¿Te aseguras de cerrar bien los grifos? .... ☐
- ¿Utilizas luces de ambiente cuando no necesitas más? .... ☐
- ¿Consumes energías renovables? .... ☐
- ¿Al comprar un producto piensas en los residuos que genera? ... ☐

Señala la casilla correspondiente a los "SÍ" que hayas anotado y comprueba si eres respetuoso con el planeta.

| De 1 a 5 | Siento decirte que eres un insolidario. |

| De 6 a 10 | Debes plantearte tu contribución al cuidado del planeta. |

| De 11 a 15 | Necesitas informarte sobre los riesgos de tus conductas. |

| De 16 a 20 | Te interesa el planeta, pero todavía debes plantearte alternativas a tus actos. |

| De 21 a 25 | Estás en el buen camino, pero todavía debes mejorar tu ayuda al planeta. |

UNO DE LOS HÁBITOS MÁS COMUNES CONSISTE EN ESTAR SIEMPRE OCUPADO Y NO PODER REFLEXIONAR.

EL TRABAJO ES UNA DISTRACCIÓN IRRESISTIBLE.

A VECES NOS MANTENEMOS OCUPADOS PARA NO HUNDIRNOS.

¿CUÁNTO TIEMPO DEDICAS AL TRABAJO?

¿ALGUIEN SUFRE CON ELLO?

¿CÓMO UTILIZAS TU TIEMPO?

¿ESTÁS DEDICANDO A TUS PRIORIDADES TODO EL TIEMPO QUE QUISIERAS?

EL QUE

NO HA COMETIDO NUNCA

un erRor, eS que

NUNCA HA INVENTADO

NADA NUEVO.

Albert Einstein

¡QUE NO TE FRENEN LOS ERRORES!

Con esfuerzo y motivación podemos superarnos en la mayoría de los ámbitos. Solo hace falta estar dispuesto a experimentar y a aprender de los resultados, aunque sean insatisfactorios. Los errores son el paso previo al aprendizaje, lo que nos lleva a alcanzar nuestras metas.

Fallar nos enseña cosas sobre nosotros y sobre el mundo, nos ayuda a clarificar quiénes somos y a descubrir lo que deseamos y lo que no. Nos muestra qué acciones nos conducen a la felicidad y cuáles a la frustración.

¿QUIERES APRENDER DE LOS ERRORES?

- Acepta el error como parte esencial del camino, de la vida.

- Empieza a ver el error como un aliado y no como un enemigo.

- Haz del error una nueva manera de acceder al conocimiento.

- Utiliza el error como un impulso y no como un lastre.

- Busca los aspectos positivos de cada experiencia negativa.

- Sé autocrítico y ten en cuenta, también, la opinión de los demás.

- Reflexiona sobre tus errores para no caer de nuevo en ellos.

- Aprende de tus errores y de los de los demás, y aplica este aprendizaje a tus actos futuros.

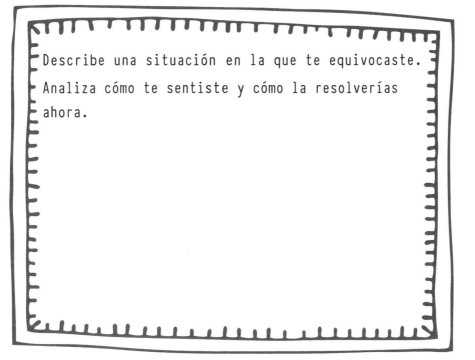

Describe una situación en la que te equivocaste. Analiza cómo te sentiste y cómo la resolverías ahora.

FEBRERO

LUNES	MARTES	MIÉRCOLES

Anota tu progreso diario en la creación de un hábito que decidas adquirir.

JUEVES	VIERNES	SÁBADO	DOMINGO

MARZO

Encuentra recursos

La vida es como montar en bicicleta. Para mantener
el equilibrio, hay que seguir pedaleando.

Albert Einstein

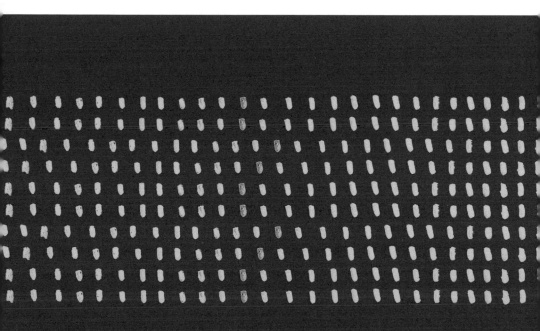

DIBUJAR LA LÍNEA DE LA VIDA NOS AYUDA A ENTENDER
NUESTROS RECUERDOS DEL PASADO Y NUESTRAS PRIORIDADES,
ASÍ COMO EL MODO EN QUE INFLUYEN EN NUESTRA MANERA
DE VIVIR EL PRESENTE Y PLANTEARNOS EL FUTURO.

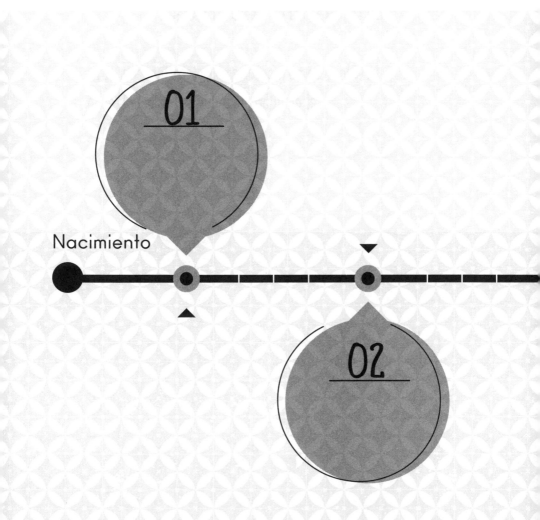

01

Nacimiento

02

- Relata brevemente en cada círculo cuatro acontecimientos significativos o momentos importantes de tu vida.

- Añade círculos hacia abajo para indicar situaciones difíciles o traumáticas.

- Señala también momentos de inflexión, es decir, que hayan marcado un antes y un después.

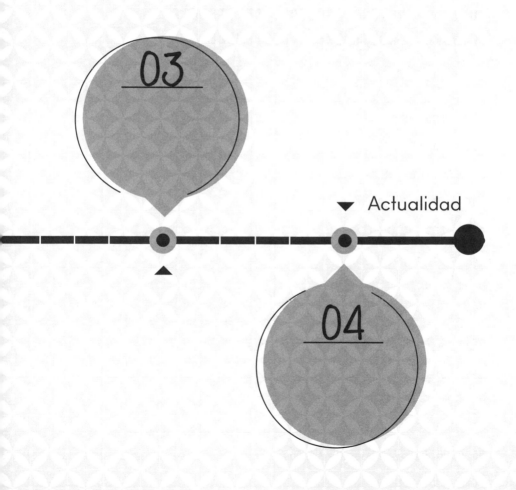

03

Actualidad

04

● ● ● ● ● ● ● ● ● ● ● ● ● ● ● ● ● ● ●

UN *HABIT TRACKER* O **REGISTRO DE HÁBITOS** ES UNA BUENA
HERRAMIENTA PARA MONITORIZAR LAS PEQUEÑAS ACCIONES
O HÁBITOS QUE DESEES ADQUIRIR O ABANDONAR.

● ● ● ● ● ● ● ● ● ● ● ● ● ● ● ● ● ● ●

ENERO   FEBRERO   (MARZO)   ABRIL   MAYO
JUNIO   JULIO   AGOSTO   SEPTIEMBRE
OCTUBRE   NOVIEMBRE   DICIEMBRE

	1	2	3	4	5	6	7	8	9	10	11
Abdominales											
Seda dental											
Control de gastos											
Acostarse a las 23 h											
3 piezas de fruta											
30 min de yoga											
Leer 1 h											
1 día + sin fumar											
Actualizar agenda											
Beber 2 l de agua											
No comer chocolate											
Practicar hobby											
No conectarse antes de dormir											
Tomar vitaminas											

Consiste en un registro visual del cumplimiento de una serie de actividades que deseemos llevar a cabo periódicamente hasta afianzarlas como hábitos. Para ello, hay que diseñar un gráfico parecido al de la ilustración y colorear la casilla correspondiente o dibujar en ella una cruz cada vez que se realice la actividad. Necesitarás un gráfico por mes.

Plasmar visualmente el seguimiento de un hábito permite analizar con claridad los resultados.

Lo ideal es escoger retos pequeños que resulten fáciles de cumplir. No es aconsejable tratar de asumir muchos a la vez.

12	13	14	15	16	17	18	19	20	21	22	23	24	25	26	27	28	29	30	31

LOS PENSAMIENTOS POSITIVOS

Aumentan tu capacidad de percepción y aprendizaje.

Te abren la mente.

Te transforman y te ayudan a crecer emocionalmente y a crear más emociones positivas.

Te vuelven más constructivo.

¿CÓMO GESTIONARLOS?

- Dirige tu energía a visualizar prosperidad, felicidad y amor en tu vida.

- Practica una mentalidad positiva y optimista. Una de las maneras más sencillas de hacerlo es visualizar imágenes agradables y usar un lenguaje positivo.

Utilizar un lenguaje positivo te ayudará a mejorar tus estrategias vitales y las relaciones contigo mismo y con los demás.

MUY BIEN TIENES MUCHO VALOR

PUEDO PERDÓN ¡QUÉ ENERGÍA!

SUERTE

ERES EXCELENTE VIDA

ARRIBA TEN FANTÁSTICO

GRACIAS MUCHAS POSIBILIDADES

PUNTOS FUERTES YO QUIERO

ME GUSTA MUCHO FUTURO OCIO

AMOR ESTOY MUY CONTENTO

FUERZA EMOCIÓN ALEGRÍA

INCREÍBLE ADELANTE

LOS PENSAMIENTOS NEGATIVOS

Te sitúan en el catastrofismo y en la anticipación de lo peor.

Te aíslan de los demás.

Provocan ansiedad y estados de ánimo complejos.

Interfieren en la cognición.

Afectan a la motivación y al buen rendimiento.

Hacen que lo polarices todo en términos de bueno o malo.

Provocan sufrimiento e insatisfacción.

Te hacen sentir culpable.

¿CÓMO GESTIONARLOS?

- Sal del círculo vicioso de la negatividad y evita quedarte atrapado en patrones perpetuos de estrés, ansiedad y depresión.

- Detecta los pensamientos negativos y expúlsalos.

- Evita las situaciones que te provoquen sensaciones negativas.

- Busca todo aquello que te haga sentir realmente bien. Crea situaciones que favorezcan los impulsos positivos.

- Permítete sonreír y reír, especialmente en situaciones difíciles.

- Identifica las áreas de tu vida sobre las que tienes pensamientos negativos e intenta transformarlos en positivos.

Pon todos tus pensamientos negativos dentro de un saco. Visualiza un tren en marcha, coloca el saco dentro de un vagón y observa cómo el tren se aleja.

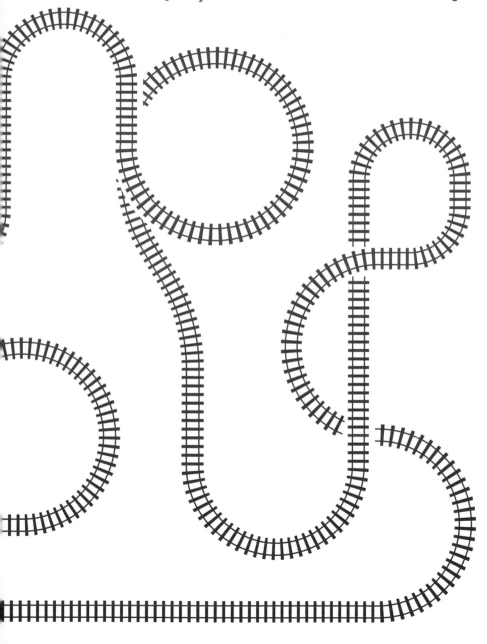

REÍR

- Alivia la depresión, el estrés y la angustia.
- Incrementa la confianza en uno mismo.
- Potencia la creatividad.
- Ayuda a eliminar los pensamientos negativos.
- Favorece la segregación de endorfinas.
- Relaja los músculos.
- Limpia y ventila los pulmones.
- Oxigena el cerebro y los pulmones.
- Regula el pulso cardíaco.
- Disminuye la presión arterial.
- Ayuda a quemar calorías.
- Alivia el insomnio.

REÍR ES SALUDABLE · ESCOGE UNA SONRISA · REÍR ES SALUDABLE

ESCOGE UNA SONRISA · REÍR ES SALUDABLE · ESCOGE UNA SONRISA

REÍR ES SALUDABLE · ESCOGE UNA SONRISA · REÍR ES SALUDABLE

ESCOGE UNA SONRISA · REÍR ES SALUDABLE · ESCOGE UNA SONRISA

REÍR ES SALUDABLE · ESCOGE UNA SONRISA · REÍR ES SALUDABLE

ESCOGE UNA SONRISA · REÍR ES SALUDABLE · ESCOGE UNA SONRISA

REÍR ES SALUDABLE · ESCOGE UNA SONRISA · REÍR ES SALUDABLE

ESCOGE UNA SONRISA · REÍR ES SALUDABLE · ESCOGE UNA SONRISA

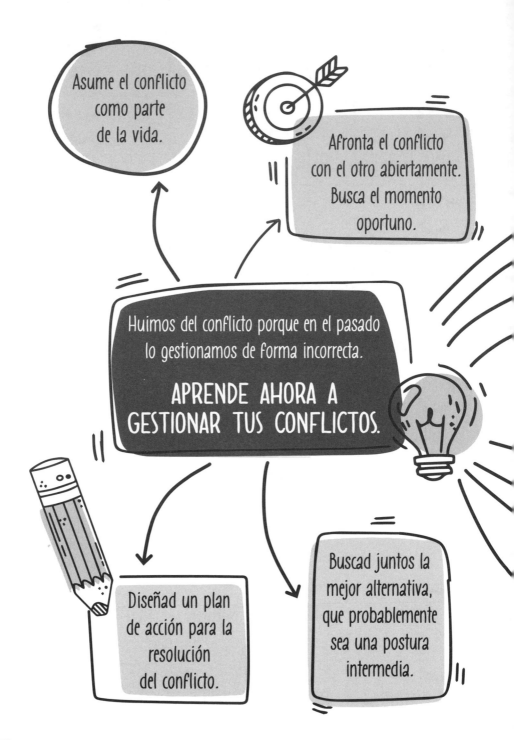

Asume el conflicto como parte de la vida.

Afronta el conflicto con el otro abiertamente. Busca el momento oportuno.

Huimos del conflicto porque en el pasado lo gestionamos de forma incorrecta.

APRENDE AHORA A GESTIONAR TUS CONFLICTOS.

Diseñad un plan de acción para la resolución del conflicto.

Buscad juntos la mejor alternativa, que probablemente sea una postura intermedia.

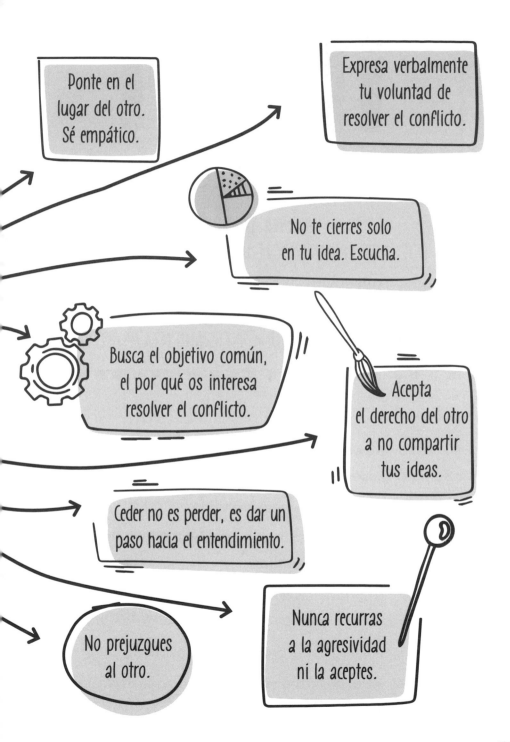

Ponte en el lugar del otro. Sé empático.

Expresa verbalmente tu voluntad de resolver el conflicto.

No te cierres solo en tu idea. Escucha.

Busca el objetivo común, el por qué os interesa resolver el conflicto.

Acepta el derecho del otro a no compartir tus ideas.

Ceder no es perder, es dar un paso hacia el entendimiento.

No prejuzgues al otro.

Nunca recurras a la agresividad ni la aceptes.

¡NO!

APRENDE A DECIR NO.

DECIR NO ES UNA HABILIDAD VALIOSA
QUE NOS PERMITE ACTUAR CON MÁS LIBERTAD.

CUANDO COMPRENDAS QUE DECIR NO A CIERTAS COSAS
SIGNIFICA DECIR SÍ A TUS VALORES Y CONVICCIONES,
ENTENDERÁS QUE ES UNA HERRAMIENTA POSITIVA.

- Utiliza la asertividad. Di NO con rotundidad, sin vacilar.

- Dilo de manera empática. Sé agradable, pero no pidas disculpas ni esperes la aprobación del otro.

- Decir NO cuesta mucho. Debes practicar.

- Acompaña el NO con un lenguaje corporal seguro. Mira a los ojos y utiliza un tono de voz firme.

- Tras un NO, no añadas «es que...». Párate ahí o mostrarás inseguridad. Si lo consideras conveniente, sal de la situación.

- No malgastes energías: sé breve. No des explicaciones.

- Di NO tantas veces como sea necesario hasta que dejen de insistir.

- No termines diciendo SÍ por temor al qué dirán. No tengas miedo.

¿QUÉ COSAS TE PREOCUPAN?

Escribe tus preocupaciones en distintos trozos de papel y ponlos dentro de un tarro.

Espera un tiempo prudencial (quince días, por ejemplo) y lee lo que anotaste en los papeles. Comprueba si las preocupaciones persisten. Olvídate de las que hayan desaparecido y empieza a buscar cómo gestionar las que todavía no tengas resueltas, porque es posible que te inquieten de verdad. No dudes en pedir ayuda si lo necesitas.

MARZO

LUNES	MARTES	MIÉRCOLE

Al final del día, anota las cosas pendientes para el día siguiente.

JUEVES	VIERNES	SÁBADO	DOMINGO

ABRIL

Combate el estrés

Todo el mundo se rinde ante una mente en calma.

Chuang

¿CONOCES LOS PRINCIPALES ESTRESORES?

EL ESTRÉS ES UNA REACCIÓN PROVOCADA POR LA PERCEPCIÓN DE UNA SITUACIÓN DE PELIGRO O DE UNA AMENAZA, CAUSADA POR UNA TENSIÓN EXCESIVA Y POCOS RECURSOS PARA AFRONTARLA. SABER GESTIONARLO CORRECTAMENTE ES MUY IMPORTANTE.

¿CUÁLES DE ESTOS ACONTECIMIENTOS O CIRCUNSTANCIAS TE GENERAN ESTRÉS?

Duelos y otras situaciones dolorosas.

Carga laboral excesiva y falta de control sobre las tareas.

Frustración.

Presión económica.

Creencias y patrones de pensamiento rígidos.

Obligaciones y cargas.

Pensamientos distorsionados.

Anticipación de situaciones o hechos.

Sobrecarga emocional.

Vínculos de dependencia.

Miedos, complejos e inseguridades.

Conflictos conyugales y de convivencia.

Tómate un descanso. Aprovecha para reflexionar
y anota aquí tus ideas.

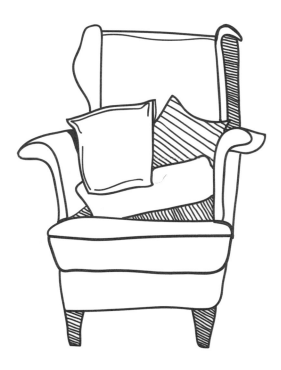

UN POCO DE ESTRÉS ES POSITIVO. SU EXCESO ES PERJUDICIAL, Y SU AUSENCIA, TAMBIÉN.
ESCOGE UN ESTILO DE VIDA QUE EVITE EL ESTRÉS EXCESIVO.

1. MODERA TU NIVEL DE EXIGENCIA.

2. ORGANIZA TUS OBLIGACIONES.

3. PRIORIZA LAS TAREAS Y DIVÍDELAS EN TAREAS MÁS PEQUEÑAS.

4. SÉ CONSCIENTE DE TUS LÍMITES Y FÍJATE OBJETIVOS FACTIBLES.

5. NO ESPERES AL ÚLTIMO MOMENTO PARA HACER LAS COSAS.

6. DEDICA TU ENERGÍA A LO REALMENTE IMPORTANTE.

7. EXTERIORIZA TUS SENTIMIENTOS.

8. PIDE AYUDA CUANDO LO NECESITES Y APÓYATE EN LOS DEMÁS.

9. REDUCE EL CONTACTO CON PERSONAS NEGATIVAS.

10. BUSCA EL EQUILIBRIO ENTRE TRABAJO Y OCIO.

11. MINIMIZA LA PRESIÓN SOCIAL: NO DES DEMASIADA IMPORTANCIA A LO QUE LOS DEMÁS PIENSAN Y ESPERAN DE TI.

12. EVITA UNA VISIÓN CATASTRÓFICA DE LOS ACONTECIMIENTOS Y RELATIVÍZALOS.

13. ACTIVA VÁLVULAS DE ESCAPE Y HAZ COSAS CON LAS QUE DISFRUTES.

14. DEDICA TIEMPO A HACER EJERCICIO Y DESCARGA LAS TENSIONES FÍSICAS.

15. PASA TIEMPO AL AIRE LIBRE.

16. PROGRAMA ACTIVIDADES SOCIALES.

17. RESERVA UN TIEMPO DIARIO PARA LA RELAJACIÓN.

18. CONVIERTE LAS EXPERIENCIAS NEGATIVAS EN OPORTUNIDADES DE APRENDIZAJE.

APRENDE A ESCUCHAR A TU CUERPO

Utiliza la visualización para revivir momentos en los que hayas experimentado sensaciones y emociones positivas.

Te proponemos algunas:

- Observar los colores del mar
- Escuchar el sonido de la lluvia
- Saborear una fresa
- Sentir el sol sobre la piel
- El olor a hierba mojada
- Acariciar un animal
- Dar un beso o un abrazo
- Sentir la textura de la arena entre los dedos
- Percibir la belleza del entorno
- El olor de una persona querida
- Contemplar un cuadro o escuchar música
- La sensación de transmitir amor
- La conexión con otras personas

CONSULTA EL MAPA DEL ESTRÉS PARA
CONOCER SUS PRINCIPALES SÍNTOMAS Y PODER
HACERLES FRENTE.

PENSAMIENTOS

- Problemas para concentrarse
- Disminución de la memoria
- Bajo rendimiento
- Pensamientos acelerados y angustiosos
- Dificultad para tomar decisiones
- Pensamientos negativos o catastróficos
- Sensación de fracaso
- Lentitud de pensamiento

CUERPO

- Dolor de cabeza
- Diarrea o estreñimiento
- Insomnio
- Cansancio y falta de energía
- Dolores musculares
- Inapetencia sexual
- Problemas estomacales
- Palpitaciones
- Desgaste celular y envejecimiento

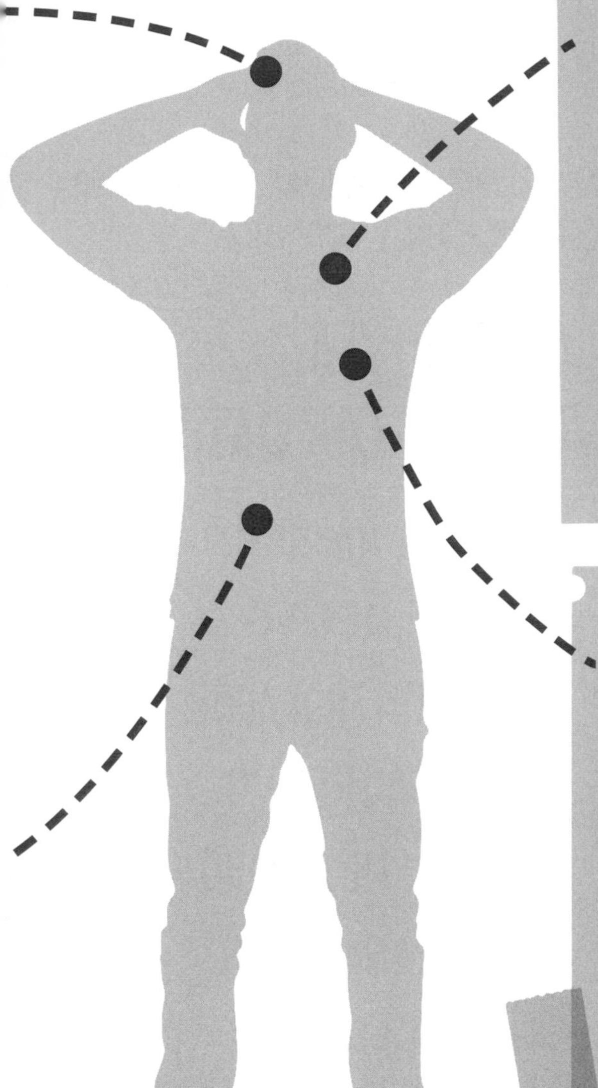

COMPORTAMIENTO

- Aislamiento social
- Exceso o falta de apetito
- Consumo excesivo de tabaco y alcohol
- Tensión permanente
- Cambios de conducta
- Sedentarismo
- Tics
- Bruxismo

EMOCIONES

- Tristeza y llanto
- Ganas de gritar
- Irritabilidad
- Depresión
- Ansiedad
- Miedo o pánico
- Angustia
- Inquietud
- Baja autoestima

¿DÓNDE VIVE TU ESTRÉS?

TIENES DERECHO A FIJAR TUS PROPIOS RITMOS

UNA VIDA APRESURADA TERMINA SIENDO SUPERFICIAL. LA LENTITUD ES NECESARIA PARA ESTABLECER RELACIONES AUTÉNTICAS.

¿CON QUÉ LISTA DE ADJETIVOS TE QUEDAS?

LENTO	RÁPIDO
SERENO	ACTIVO
CUIDADOSO	CONTROLADOR
RECEPTIVO	AGRESIVO
SILENCIOSO	APRESURADO
INTUITIVO	ANALÍTICO
PAUSADO	ESTRESADO
PACIENTE	SUPERFICIAL
REFLEXIVO	IMPACIENTE

EL MOVIMIENTO *SLOW* SE BASA EN UNA FILOSOFÍA QUE PROPONE **TOMAR EL CONTROL DEL TIEMPO** EN VEZ DE SOMETERSE A SU TIRANÍA, DAR PRIORIDAD A LAS ACTIVIDADES QUE FAVORECEN EL **DESARROLLO DE LAS PERSONAS** Y EXALTAR EL **VALOR DE DISFRUTAR** Y **SABOREAR LA VIDA**.

Detén el tiempo y describe un momento particular-
mente hermoso hasta el más mínimo detalle.

EL *KINTSUGI* ES UNA TÉCNICA JAPONESA DE **REPARACIÓN DE CERÁMICA ROTA** CON BARNIZ DE RESINA MEZCLADA CON POLVO DE ORO. ADEMÁS, TIENE UN ALTO VALOR SIMBÓLICO.

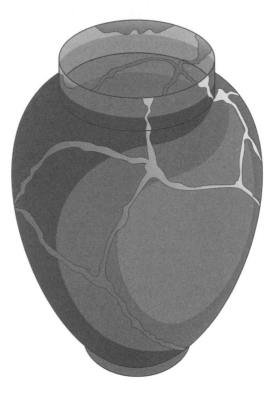

LA FILOSOFÍA DEL *KINTSUGI* ENSALZA EL **DESGASTE** QUE **EL TIEMPO** OBRA SOBRE LAS COSAS FÍSICAS Y **OTORGA VALOR A NUESTRAS IMPERFECCIONES**. CUANDO LAS ADVERSIDADES NOS SUPERAN, NOS SENTIMOS ROTOS. EN OCASIONES, ES EL AZAR LO QUE NOS LLEVA A LA RUPTURA; OTRAS VECES, SOMOS NOSOTROS MISMOS, CON NUESTRAS ELEVADAS EXPECTATIVAS INCUMPLIDAS, LOS QUE LA PROVOCAMOS. SABER VALORAR LO QUE SE ROMPE EN NOSOTROS NOS APORTA SERENIDAD.

¿QUÉ CARGAS NO QUIERES SEGUIR LLEVANDO?

LIBERARSE DE LAS CARGAS CONSISTE EN DEJAR DE LAMENTARSE POR EL PASADO Y DE TEMER POR EL FUTURO PARA PODER VIVIR EL PRESENTE CON PLENITUD.

BUSCA UN LUGAR DONDE
TODO EL MUNDO TENGA
PRISA. OBSERVA CON CALMA
LO QUE SUCEDE Y DI SI
TE GUSTA LO QUE VES.

PRACTICA LA RESPIRACIÓN ABDOMINAL PROFUNDA

UNO:

Siéntate en una posición cómoda y cierra los ojos.

DOS:

Ponte una mano sobre el abdomen y otra sobre el pecho.

TRES:

Inhala profundamente por la nariz. Notarás que la mano que tienes sobre el abdomen se eleva. La mano que tienes sobre el pecho no se moverá.

CUATRO:

Exhala por la nariz. La mano que tienes sobre el abdomen se moverá y la que está sobre el pecho se quedará inmóvil. Concéntrate en tu respiración y en tus manos.

EL **JIN SHIN JYUTSU** ES UNA TRADICIÓN JAPONESA SANADORA MUY ANTIGUA QUE SE HABÍA PERDIDO Y SE RECUPERÓ A PRINCIPIOS DEL SIGLO XX.

ENTRE OTRAS APLICACIONES, EL *JIN SHIN JYUTSU*, SE UTILIZA PARA **ALIVIAR EL ESTRÉS** Y PARA **EQUILIBRAR** Y **CALMAR EL CUERPO**.

La técnica consiste en sujetar con la mano cerrada, durante medio minuto, uno de los dedos de la mano contraria.

Pasado este tiempo, hay que descansar unos segundos y volver a apretar el mismo dedo 30 segundos.

Repite este proceso durante 5 minutos con todos los dedos de una mano.

Al acostarte presiona los dedos de la mano izquierda y al levantarte los de la mano derecha.

Si deseas conseguir una mayor distensión, presiona, de manera suave, la palma de la mano durante 1 minuto.

¿QUÉ SIGNIFICA CADA DEDO?

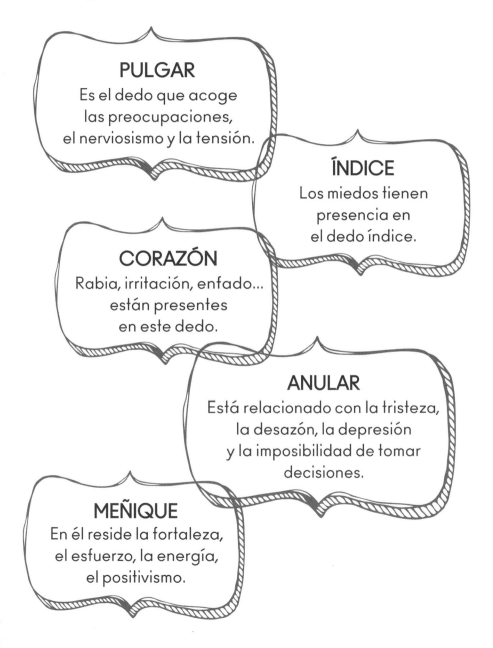

PULGAR
Es el dedo que acoge
las preocupaciones,
el nerviosismo y la tensión.

ÍNDICE
Los miedos tienen
presencia en
el dedo índice.

CORAZÓN
Rabia, irritación, enfado...
están presentes
en este dedo.

ANULAR
Está relacionado con la tristeza,
la desazón, la depresión
y la imposibilidad de tomar
decisiones.

MEÑIQUE
En él reside la fortaleza,
el esfuerzo, la energía,
el positivismo.

ABRIL

Puntúa con un 1 los días en que te hayas sentido sereno, feliz, libre de estrés. Los días que hayas experimentado alta ansiedad anota un 10.

LUNES	MARTES	MIÉRCOLE

Al final del mes, puedes
hacer un promedio.

JUEVES	VIERNES	SÁBADO	DOMINGO

MAYO

Cuida tu cuerpo

El cuerpo es el instrumento del alma.

Aristóteles

Pega aquí debajo una foto tuya y piensa qué cosas no te gustan de tu cuerpo y de tu aspecto.

¿TIENEN QUE VER CON HÁBITOS POCO SALUDABLES?

EL **CAMBIO** HACIA UNOS **HÁBITOS** Y ESTILO DE **VIDA** SALUDABLES SOLO SERÁ POSIBLE SI EXISTE UNA **FUERTE MOTIVACIÓN**, UN CIERTO GRADO DE **COMPROMISO**, UNA DETERMINADA **ESTRUCTURA ORGANIZATIVA**, **DISCIPLINA** Y UNA GRAN **FUERZA DE VOLUNTAD** PARA QUE ESOS CAMBIOS SE MANTENGAN EN EL TIEMPO.

Escribe aquí cuál es el principal motor motivacional para mejorar tu salud.

. . . .

. . . .

. . . .

. . . .

. . . .

. . . .

. . . .

. . . .

. . . .

. . . .

. . . .

. . . .

EN EL SER HUMANO LO **FÍSICO**, LO **ESPIRITUAL** Y LO **MENTAL** ESTÁN TOTALMENTE **RELACIONADOS**. AUNQUE SEA DE MANERA INCONSCIENTE, CUANDO CUIDAMOS NUESTRO CUERPO, ESTAMOS CUIDANDO LAS OTRAS DOS PARTES.

10 PASOS PARA UNA VIDA SANA

Planifica un menú semanal que te ayude a realizar una dieta sana. No te olvides de hacer cinco comidas al día.

Reduce las grasas saturadas de tu dieta, di adiós a los azúcares refinados, consume alimentos ricos en fibra.

Bebe mucha agua para hidratarte y purificar tu organismo.

Cuida tu salud. Visita al médico para tus revisiones y no te automediques.

Evita malos hábitos como el tabaco y modera el consumo de alcohol y cafeína.

Haz ejercicio. Acude al gimnasio, practica algún deporte, anda 30 minutos al día... Huye del sedentarismo, la actividad física mejora la calidad de vida y la salud en general.

Mantén un peso saludable. El sobrepeso y la obesidad aumentan la probabilidad de problemas de salud grave.

Duerme entre 7 u 8 horas diarias. Durante el sueño se restaura todo lo que necesitamos para el día siguiente.

Refuerza tus lazos sociales. Apuesta por una vida activa, no dejes de aprender jamás, lee, busca aficiones, viaja...

Genera espacios de placer y diversión. Equilibra tu trabajo y tu tiempo libre.

¿ÚLTIMAMENTE ESTÁS IRRITABLE? ¿TIENES DIFICULTADES DE CONCENTRACIÓN Y MEMORIA? ¿COMES BIEN?

A menudo, una dieta inapropiada provoca estas inestabilidades. Verifícalo respondiendo este test.

SÍ NO

☐ ☐ ¿Te olvidas de algunas de las cinco comidas diarias?

☐ ☐ ¿Pierdes el apetito a menudo?

☐ ☐ ¿Comes dulces con frecuencia?

☐ ☐ ¿Te sientes débil si no comes a la hora habitual?

☐ ☐ ¿Bebes una o dos copas diarias de alcohol?

☐ ☐ ¿Tomas té o café más de tres veces al día?

☐ ☐ ¿Comes postres una o más veces al día?

☐ ☐ ¿Te echas azúcar al té o al café?

☐ ☐ ¿Tomas bebidas azucaradas?

☐ ☐ ¿Comes a menudo alimentos feculentos: pan, pasta, cereales...?

☐ ☐ ¿Tomas a diario azúcares, mermeladas o caramelos?

☐ ☐ ¿Tomas productos de panificación industrial?

☐ ☐ ¿Comes cada día helados y fruta en almíbar?

☐ ☐ ¿Añades sal a la comida cuando ya está en la mesa?

☐ ☐ ¿Comes menos de 3 o 4 huevos a la semana?

☐ ☐ ¿Te olvidas del pescado?

☐ ☐ ¿Tomas leche, queso y mantequilla?

☐ ☐ ¿Comes verdura menos de dos veces al día?

☐ ☐ ¿Evitas verduras crudas como la lechuga, las zanahorias...?

☐ ☐ ¿Bebes zumos naturales de naranja y limón?

-Anota 1 punto para cada SÍ.
-Una puntuación menor a 5 indica que tu dieta aporta la mayoría de alimentos nutritivos para una persona sana y emocionalmente competente.
-Entre 5-11 puntos, indica que te estás abandonando con la dieta y que debes añadir a ella una serie de alimentos nutritivos.
-A partir de los 12 puntos, estás siguiendo una mala dieta (exceso de azúcares, pocas proteínas, dejas de hacer alguna comida...).

LA GUÍA DEL + Y DEL −

CAMBIOS PARA UNA ALIMENTACIÓN MÁS SALUDABLE

MÁS	MENOS
FRUTAS Y HORTALIZAS	CARNES ROJAS Y GRASAS
LEGUMBRES Y FRUTOS SECOS	SAL Y AZÚCAR
ALIMENTOS INTEGRALES	DULCES Y «CHUCHES»
PESCADO	FRITOS Y GRASAS
AGUA	ALIMENTOS PROCESADOS
PRODUCTOS DE TEMPORADA	ZUMOS Y BEBIDAS AZUCARADAS
PRODUCTOS DE PROXIMIDAD	PRODUCTOS ULTRAPROCESADOS
COMIDA ELABORADA EN CASA	COMIDA PREPARADA E INDUSTRIAL

LA PIRÁMIDE DE ALIMENTOS ES UNA REPRESENTACIÓN GRÁFICA QUE SIRVE PARA ORIENTAR SOBRE LOS ALIMENTOS QUE SE RECOMIENDA CONSUMIR Y TAMBIÉN SOBRE LAS PROPORCIONES Y FRECUENCIAS PARA SEGUIR UNA ALIMENTACIÓN SALUDABLE.

OCASIONAL

SEMANAL

CONSUMO DIARIO

DULCES

Consumir en su justa medida, solo ocasionalmente.

ACEITES, MANTEQUILLA, CARNES GRASAS Y EMBUTIDOS

No hay que abusar de grasas como la mantequilla, así como de carnes grasas y embutidos. Consumirlos ocasionalmente.

CARNES, PESCADO Y HUEVOS

Son proteínas imprescindibles para crecer sano. Hay que tomar carnes poco grasas 3 o 4 veces a la semana y pescado azul 2 veces por semana.

LÁCTEOS, LEGUMBRES Y FRUTOS SECOS

Los lácteos aportan calcio y proteínas, son importantes para huesos y dientes. Las legumbres y los frutos secos aportan hidratos, fibra y proteínas vegetales.

PAN, PASTA, ARROZ Y CEREALES

Aportan vitaminas, minerales y las energías necesarias para funcionar. Hay que comer a diario.

FRUTAS, VERDURAS, HORTALIZAS Y ACEITE DE OLIVA

Aportan vitaminas, minerales y fibra. Ayudan a regular nuestro organismo y mantenernos sanos. Deben consumirse a diario y en mayor proporción que el resto de los alimentos.

EL PLATO SALUDABLE COMPLETA LA INFORMACIÓN DE LA PIRÁMIDE, PERO APLICANDO LAS RECOMENDACIONES DE EQUILIBRIO A LA ESTRUCTURA DE LA COMIDA DE UN DÍA CON LOS CINCO GRUPOS DE ALIMENTOS PRINCIPALES.

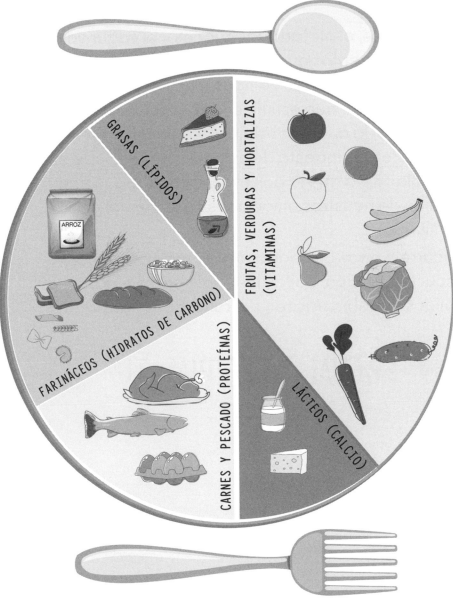

El chocolate, el plátano, las nueces y el yogur son algunos alimentos que nos ayudan a **calmar la ansiedad** debido a su composición rica en **triptófano,** un aminoácido que estimula la **liberación de serotonina,** la cual nos relaja y nos hace sentir más felices. Pero la ingesta de estos alimentos debe ser controlada, ya que la positiva y adecuada gestión de nuestras emociones no se resuelve comiendo.

Recurre a otras actividades placenteras, como escuchar música, bailar, leer, salir con amigas y amigos, escribir, pasear, disfrutar de la naturaleza...

¿CUÁL ELEGIRÍAS TÚ?

LOS BENEFICIOS DEL EJERCICIO FÍSICO SON TAN IMPORTANTES
QUE DEBERÍAMOS SITUARLO COMO UNA ACTIVIDAD PRIORITARIA
Y TOTALMENTE INTEGRADA A NUESTRA VIDA COTIDIANA.

- Disminuye el riesgo de enfermedades crónicas.
- Mejora la cantidad y calidad del sueño.
- Reduce el estrés y mejora el estado de ánimo.
- Mejora la salud mental.
- Aumenta la reserva cognitiva y la plasticidad cerebral.
- Retrasa el deterioro cognitivo.
- Favorece el mantenimiento de las funciones cognitivas.

¿SABES CÓMO PUEDES QUEMAR 100 CALORÍAS?
AQUÍ TIENES ALGUNAS ACTIVIDADES QUE TE LO PERMITIRÁN.

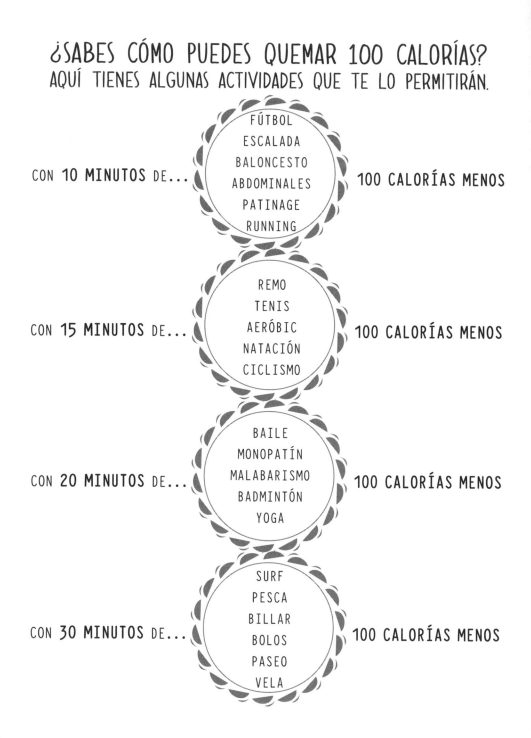

CON **10 MINUTOS** DE...

FÚTBOL
ESCALADA
BALONCESTO
ABDOMINALES
PATINAGE
RUNNING

100 CALORÍAS MENOS

CON **15 MINUTOS** DE...

REMO
TENIS
AERÓBIC
NATACIÓN
CICLISMO

100 CALORÍAS MENOS

CON **20 MINUTOS** DE...

BAILE
MONOPATÍN
MALABARISMO
BADMINTÓN
YOGA

100 CALORÍAS MENOS

CON **30 MINUTOS** DE...

SURF
PESCA
BILLAR
BOLOS
PASEO
VELA

100 CALORÍAS MENOS

PRESTA ATENCIÓN A TU CUERPO,
ÉL SIEMPRE TE INFORMARÁ.

QUE EL ESTRÉS DEL
DÍA A DÍA NO TE DESPISTE.

TÓMATE TIEMPO PARA
CONCENTRARTE EN SUS SEÑALES
Y DEMANDAS Y CUÍDALO.

LA **TRADICIÓN OCCIDENTAL DISOCIA EL CUERPO DE LA MENTE**, AL CONTRARIO DE LA **ORIENTAL**, EN QUE **LA CORPORALIDAD INCLUYE LA ESPIRITUALIDAD**.

EL PUNTO DE PARTIDA DEL PENSAMIENTO ORIENTAL ES LA ARMONÍA PSICOSOMÁTICA.

PRACTICAR UNA DE LAS MUCHAS DISCIPLINAS QUE POSEE LA CULTURA ORIENTAL AYUDA A **EQUILIBRAR EL CUERPO, EL CEREBRO Y EL ALMA**, A LA VEZ QUE FAVORECE LA SALUD Y LA LONGEVIDAD, TAL COMO DEMUESTRAN LA CANTIDAD DE JAPONESES CENTENARIOS QUE EXISTEN.

YOGA

El yoga se encuentra a medio camino entre una disciplina física y un método de meditación. Se basa en la búsqueda de la espiritualidad, pero además su práctica permite estirar y fortalecer el cuerpo, relajar la mente, aumentar la energía y garantizar el equilibrio interno y el bienestar.

TAICHÍ

Es una actividad muy popular en China y Japón. Inicialmente, el taichí fue un arte marcial con finalidad de defensa, pero en la actualidad se ha convertido en una técnica de relajación para reducir el estrés y la ansiedad y mejorar la calidad de vida, tanto física como espiritual.

TAISO

Es una disciplina japonesa, un tipo de gimnasia suave y con amplitud de movimientos, con más de 800 años de tradición. Se practica en grupo y tiene como finalidad estimular la flexibilidad de las articulaciones, aparte de favorecer la cooperación entre los participantes.

QICONG

Se practica mediante ejercicios estáticos o dinámicos que estimulan la respiración, buscando cómo canalizar de forma adecuada la energía vital de nuestro organismo, en beneficio de la armonía, la salud y la longevidad.

OTONOMAKI

Es una técnica de relajación en que, recreando el vientre materno, se envuelve a los adultos de pies a cabeza durante 20 minutos en posición fetal, con el objetivo de que encuentre la paz mental.

MAYO

LUNES	MARTES	MIÉRCOLES

¿Qué cosas has hecho para mejorar
tu calidad de vida?

JUEVES	VIERNES	SÁBADO	DOMINGO

JUNIO
No te olvides de tu cerebro

Toda persona puede ser, si se lo propone,
escultor de su propio cerebro.

Santiago Ramón y Cajal

SI BIEN ES CIERTO QUE EL ENVEJECIMIENTO ES UN PROCESO GENÉTICAMENTE PROGRAMADO, TAMBIÉN ES CIERTO QUE EL **CEREBRO** ES EL ÚNICO **ÓRGANO** DE NUESTRO CUERPO QUE PUEDE **MEJORAR** CON EL **PASO DEL TIEMPO** SI LO **CUIDAS** Y LO **TRABAJAS.**

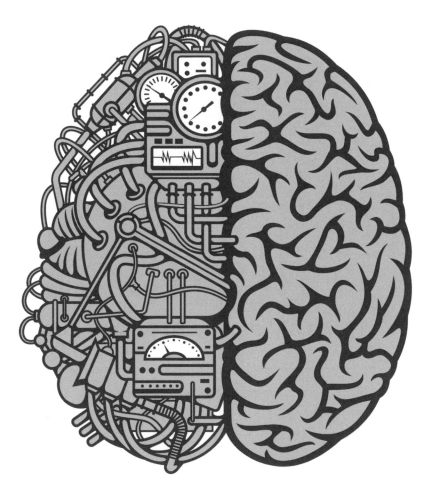

Los seres humanos acostumbramos a hacer las mismas cosas y de la misma forma siempre para no salir de nuestra zona de confort. De esta manera, el cerebro crea rutinas muy fuertes, todo se hace automático, de forma rápida y eficaz, pero dejamos de pensar. El único modo de salir de lo establecido es con **UNA MENTE ABIERTA**.

Para mantener la mente abierta hay que aprender cada día, ser curioso, experimentar sensaciones nuevas y valientes, interactuar con otras personas, ser transigentes, cambiar hábitos, tener una actitud positiva... Solo así conseguiremos que el cerebro envejezca de forma saludable.

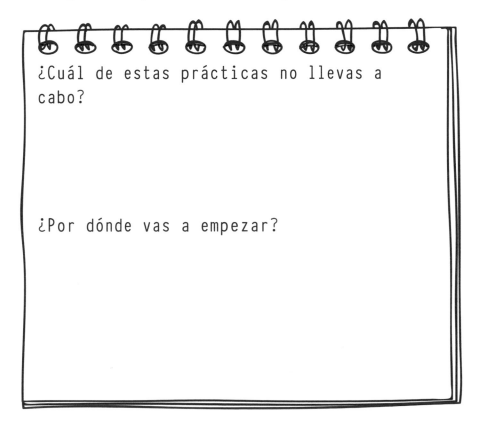

¿Cuál de estas prácticas no llevas a cabo?

¿Por dónde vas a empezar?

UN ESTILO DE VIDA SALUDABLE AYUDARÁ A QUE NUESTRO CEREBRO SEA MÁS LONGEVO.

1 **CONTROLAR EL ESTRÉS**

En situación de estrés el cerebro libera, entre otras sustancias, cortisol, el cual puede tener consecuencias nefastas para el cerebro.

2 *CORPORE SANO IN MENS SANA*

El ejercicio físico produce grandes beneficios en el desarrollo y mantenimiento de las funciones cerebrales, al llevarlas a sus máximas posibilidades y retardar el deterioro asociado al paso del tiempo.

3 **DORMIR BIEN PARA PENSAR MEJOR**

El insomnio y la falta de sueño dificultan las capacidades mentales, especialmente el aprendizaje y la memoria. El sueño actúa como un regenerador neuronal.

4 **ALIMENTAR EL CEREBRO**

La alimentación tiene un impacto directo en el cuidado de nuestro cerebro. Una dieta neurosaludable protege las neuronas y retrasa el envejecimiento cerebral.

5 **ENTRENAR LA MENTE**

Las capacidades de nuestro cerebro pueden ser ampliamente potenciadas a través de la estimulación. Las funciones cognitivas pueden optimizarse y el envejecimiento cerebral retardarse.

PRESTA ATENCIÓN A LOS ALIMENTOS
QUE INGIERES SI QUIERES TENER UN
CEREBRO AL 100%

GRANDES ENEMIGOS DEL CEREBRO.

- La rutina.

- El pensamiento convergente, una manera de pensar siempre igual.

- El tedio, la pereza, la inactividad, la falta de aficiones.

- El conformismo, el inmovilismo, solo interés por lo establecido.

- La depresión y los desórdenes de ansiedad.

- La falta de curiosidad.

- El pesimismo y el negativismo.

- El desinterés por el estudio y la lectura.

- El desinterés por vivir nuevas experiencias.

- La eterna insatisfacción.

- El sedentarismo.

- El miedo.

GRANDES AMIGOS DEL CEREBRO

- La permeabilidad, el cambio, la flexibilidad.

- El pensamiento divergente, la innovación, la capacidad de interpretar las cosas desde diferentes puntos de vista.

- El esfuerzo, la perseverancia, el deseo de mejorar, la voluntad de trabajo y las aficiones.

- Lo inusual, la lucha permanente, el riesgo, el activismo.

- La autoestima, la asertividad, el placer de vivir, el buen humor, la alegría.

- La curiosidad, el deseo de descubrir.

- El optimismo, una visión positiva de la vida, la felicidad.

- La motivación por aprender permanentemente.

- El interés por las oportunidades culturales y las perspectivas creativas.

- La satisfacción de haber hecho lo que había que hacer, la ilusión.

- Un estilo de vida saludable.

- La capacidad de enfrentarse a las dificultades.

¿SABES QUÉ SON LAS ENDORFINAS?

SON SUSTANCIAS PRODUCIDAS POR NUESTRO CEREBRO A MODO DE RECOMPENSA, QUE ESTIMULAN LOS CENTROS DE PLACER CREANDO SITUACIONES SATISFACTORIAS QUE CONTRIBUYEN A ELIMINAR EL MALESTAR. SON CONOCIDAS COMO LAS «HORMONAS DE LA FELICIDAD», YA QUE PRODUCEN SENSACIÓN DE PLACER.

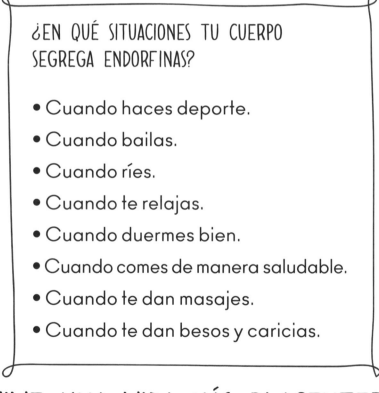

¿EN QUÉ SITUACIONES TU CUERPO SEGREGA ENDORFINAS?

- Cuando haces deporte.
- Cuando bailas.
- Cuando ríes.
- Cuando te relajas.
- Cuando duermes bien.
- Cuando comes de manera saludable.
- Cuando te dan masajes.
- Cuando te dan besos y caricias.

VIVE UNA VIDA MÁS PLACENTERA CON LA AYUDA DE LAS ENDORFINAS.

NO TENGO NINGÚN TALENTO EXCEPCIONAL, SIMPLEMENTE SOY PROFUNDAMENTE CURIOSO.

Albert Einstein

—¿Cómo anda su cerebro?

—¡Igual que a los veinte años! No advierto ninguna diferencia en ilusiones ni en capacidad. Mañana vuelo a un congreso médico.

—Pero ¿algún límite genético debe de haber?

—No. Mi cerebro pronto tendrá un siglo, pero no conoce la senilidad. El cuerpo se me arruga, es inevitable, pero el cerebro, ¡no!

—¿Cómo lo hace?

—Disfrutamos de una gran plasticidad neuronal. Aunque mueran neuronas, las restantes se reorganizan para mantener las mismas funciones, por eso es conveniente estimularlas.

—Ayúdeme a hacerlo.

—Mantén tu cerebro ilusionado, activo, hazlo funcionar y nunca se degenerará.

Fragmento de una entrevista hecha a Rita Levi-Montalcini, neuróloga italiana, Premio Nobel de Medicina, pocos meses antes de cumplir 100 años.

LA **RESERVA COGNITIVA** SE DEFINE COMO UN FACTOR DE PROTECCIÓN QUE PERMITE AL CEREBRO ENVEJECER MEJOR, RETARDAR POSIBLES ENFERMEDADES NEURODEGENERATIVAS Y COMPENSAR EN CASO DE DAÑO NEUROLÓGICO.

Aunque la reserva cognitiva viene determinada por factores genéticos, hay actividades que pueden mejorarla:

- No dejes nunca de aprender.
- Lee.
- Estudia idiomas.
- Sé creativo: escribe, pinta, toca un instrumento...
- Mejora tus habilidades.
- Practica alguna afición.
- Relaciónate socialmente.
- Realiza ejercicio físico.

SEGURO QUE HAS OÍDO HABLAR DE LA **GIMNASIA CEREBRAL**
O DEL *MENTAL FITNESS* O EL *BRAIN TRAINING*, TODOS
ELLOS TÉRMINOS COMERCIALES DE LO QUE SE CONOCE
COMO **ESTIMULACIÓN COGNITIVA**.

LA ESTIMULACIÓN COGNITIVA ES UN ELEMENTO CLAVE
PARA LA SALUD CEREBRAL. TIENE COMO OBJETIVO
LOGRAR UN MEJOR FUNCIONAMIENTO DE LAS **CAPACIDADES
MENTALES** Y AMPLIAR LA **RESERVA COGNITIVA**,
PREVINIENDO DE LA DEGENERACIÓN NEURONAL.

PRUEBA Y DESAFÍA TU CAPACIDAD DE SUPERACIÓN CON LOS SIGUIENTES RETOS.

Encuentra dentro del mosaico las cuatro piezas
de la derecha. Piensa que pueden estar giradas.

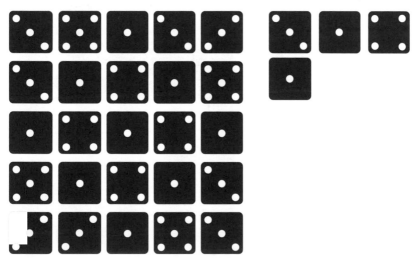

2 Busca todas las palabras que se pueden formar con estas letras utilizando solo las contiguas, pero en todas las direcciones. Puedes usar una letra tantas veces como quieras aunque no en una misma palabra.

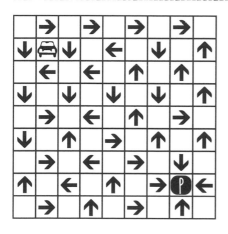

3 Encuentra el camino que debe seguir el coche para llegar al aparcamiento respetando las flechas.
En las casillas en blanco tú decides hacia donde ir. No puedes circular en diagonal.

4 Completa este hexágono con los números del 1 al 8 de manera que la suma de los números
de cada lado sea el mismo en los seis.

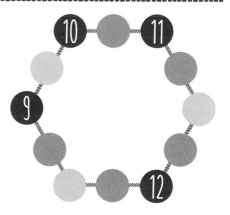

5 Encuentra el camino que comunica las dos flechas.

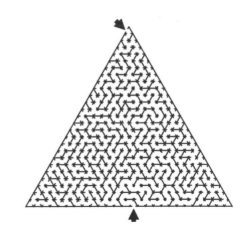

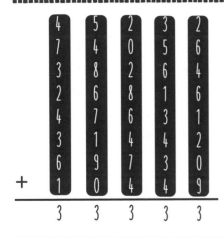

6 Reordena las columnas numéricas para que la suma sea correcta.

7 ¿Sabrías quitar tres de las fichas, de manera que no queden tres ni en vertical, ni en horizontal, ni en diagonal?

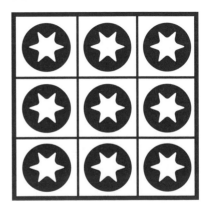

Soluciones

1

2 GROTESCO, GROTESCA, ROCA, ROSA, SOR, ROSCA, CERDO, SOLAR, CALOR, LORD, CORAL, ESTOLA, COLA, RESTO, COSTE, LÁSER, SECAR, COSA...

3

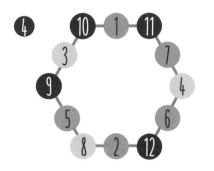

4

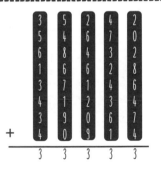

5

6

7 Hay dos soluciones posibles:

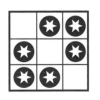

JUNIO

¡Hoy he aprendido algo nuevo!
Señala con una cruz los días en
que esto haya sucedido.

LUNES	MARTES	MIÉRCOLES

JUEVES	VIERNES	SÁBADO	DOMINGO

JULIO

Busca la sencillez

Las cosas solo tienen el valor que les damos.

Molière

NO SOMOS PERFECTOS Y ASÍ DEBE SER. SOMOS UN REFLEJO
DE LO PERFECTAMENTE IMPERFECTA QUE ES LA VIDA.
UNA VEZ ASUMIDO ESTO, PODREMOS DISFRUTAR DE TODAS
LAS COSAS IMPERFECTAS, DESORDENADAS, CAÓTICAS O INCOMPLETAS
DE NUESTRO ALREDEDOR. ESTA ES LA BASE DE LA FILOSOFÍA
JAPONESA *WABI SABI*, QUE CONSIDERA QUE LA BELLEZA ESTÁ EN
LO AUTÉNTICO, LO NATURAL, LO GENUINO, EN LA APARENTE
IMPERFECCIÓN.

Valora las cosas
que te rodean,
cuídalas bien y
úsalas durante
años o décadas.

Despréndete
de todo lo que no
te hace feliz en
tu vida.

Busca entre
tus cosas cinco
objetos para
dar
o intercambiar.

Modifica tu
entorno y los
detalles del
espacio donde
vives apostando
por lo natural y
lo minimalista.

EL **WABI SABI** PUEDE AYUDARNOS A ENCONTRAR LA **SERENIDAD**, A **ACEPTAR LA VIDA** TAL COMO ES Y NO COMO QUEREMOS QUE SEA, A DESEMPEÑAR UN PAPEL ACTIVO PARA **AFRONTARLA** Y A SABOREAR LAS **PEQUEÑAS GRANDES COSAS** DEL DÍA A DÍA

LA FILOSOFÍA *WABI SABI* NOS PERMITE ENCONTRAR LA BELLEZA EN LAS ARRUGAS DEL ROSTRO, EN LAS GRIETAS DE LA MADERA, EN LAS MANCHAS DE LA PIEL.

Anota tres cosas muy simples que te sean familiares y que formen parte del concepto *wabi sabi*.

¿QUÉ ES LO MÁS BONITO Y NO MATERIALISTA QUE HAN HECHO POR TI? RECUÉRDALO AQUÍ.

Si con todo lo que tienes no eres feliz, con lo que te falta tampoco lo serás.

Dibuja lo más caro que jamás te hayas comprado.

¿POR QUÉ TE LO COMPRASTE? ¿VALIÓ LA PENA?

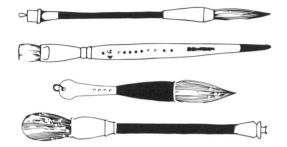

ADQUIRIMOS COSAS PORQUE CONFUNDIMOS
DESEOS Y NECESIDADES.

HOY ES TU PRIMER DÍA
SIN CONSUMIR

VE A UN CENTRO COMERCIAL A PASAR
LA TARDE Y NO COMPRES NADA DE NADA.

CONFIÉSALO.
¿QUÉ TE HABRÍAS LLEVADO?

Nos resulta difícil sentirnos satisfechos con lo esencial. Enfréntate al consumo con dos preguntas realmente importantes para decidir si comprar algo o prescindir de ello:

 ¿QUÉ NECESITO?   ¿QUÉ QUIERO?

Elabora una lista de criterios que te ayuden a decidir.

1.

2.

3.

4.

5.

6.

...

LA SENCILLEZ ES UNA ACTITUD CONTRARIA
AL CONSUMISMO Y UNO DE LOS CAMINOS A
TRAVÉS DEL CUAL NOS PODEMOS CONCIENCIAR DE
NUESTRO IMPACTO SOBRE EL MEDIOAMBIENTE A
FIN DE QUE SEA LO MENOS AGRESIVO POSIBLE.

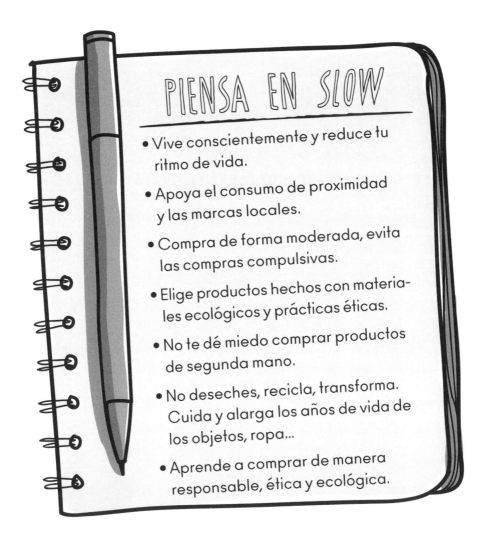

PIENSA EN *SLOW*

- Vive conscientemente y reduce tu ritmo de vida.
- Apoya el consumo de proximidad y las marcas locales.
- Compra de forma moderada, evita las compras compulsivas.
- Elige productos hechos con materiales ecológicos y prácticas éticas.
- No te dé miedo comprar productos de segunda mano.
- No deseches, recicla, transforma. Cuida y alarga los años de vida de los objetos, ropa...
- Aprende a comprar de manera responsable, ética y ecológica.

¿SABES LO QUE ES UN *HAIKU*?

LA CAPACIDAD DE LA CULTURA JAPONESA PARA APRECIAR LA BELLEZA DE LAS PEQUEÑAS COSAS ES ADMIRABLE. EL ARTE DE LA CALIGRAFÍA, LOS JARDINES ZEN, LA CEREMONIA DEL TÉ...

LOS **HAIKUS** –POEMAS CORTOS DE ORIGEN JAPONÉS– SON OTRO EJEMPLO. SE ESCRIBEN, SEGÚN LA TRADICIÓN, EN TRES VERSOS SIN RIMA DE 5, 7 Y 5 SÍLABAS.

> *Si en el crepúsculo*
> *el sol era memoria*
> *ya no me acuerdo.*
>
> Matsuo Bashoo

Prueba a escribir aquí un *haiku*.

IDEAS PARA UNA VIDA MÁS SIMPLE Y FELIZ

1. DEJA DE COMPRAR TANTAS COSAS, NO LAS NECESITAS.
2. INVIERTE EN EXPERIENCIAS QUE VALGAN LA PENA.
3. DESPRÉNDETE DE TODO LO QUE NO TE PRODUZCA FELICIDAD.
4. CÉNTRATE EN LO IMPORTANTE Y EVITA LO SUPERFLUO.
5. SÉ CONSCIENTE DE LO QUE DE VERDAD IMPORTA.
6. ACEPTA QUE NI LAS PERSONAS NI LAS SITUACIONES SON PERFECTAS.
7. DESHAZTE DE LOS PENSAMIENTOS NOCIVOS: CRÍTICAS, QUEJAS, REPROCHES...
8. APRENDE A DECIR NO. NO ES NECESARIO QUEDAR BIEN CON TODO EL MUNDO.
9. LLEVA UN REGISTRO DE TODOS TUS GASTOS. AHORRARÁS.
10. CELEBRA CUALQUIER PEQUEÑO ÉXITO. SABOREA LAS PEQUEÑAS GRANDES COSAS.
11. BUSCA TIEMPO PARA DISFRUTAR DE TU FAMILIA, DE TUS AMIGOS Y DE TI.
12. ABRE TU CASA. SÉ HOSPITALARIO.
13. BUSCA LA MODESTIA, LA AUSTERIDAD, LA SENCILLEZ Y LA DISCRECIÓN.
14. ECHA A LAS PERSONAS TÓXICAS DE TU LADO.
15. UTILIZA MÉTODOS SENCILLOS PARA ORDENAR.
16. MODIFICA LOS ESPACIOS DE TU CASA Y CAMBIARÁ TU FORMA DE VIVIR.
17. NO INTENTES OLVIDAR TUS PREOCUPACIONES CONSUMIENDO.
18. NO DESEES NUNCA LO QUE NO PUEDAS TENER.

LA SIMPLICIDAD ES
UNA **REVOLUCIÓN
INTERIOR.**
PIENSA EN UNA
VIDA SENCILLA.

¿CUÁLES SON
LAS COSAS, TANTO
MATERIALES COMO
INMATERIALES,
QUE CONSIDERAS
MÁS PRESCINDIBLES?

JULIO

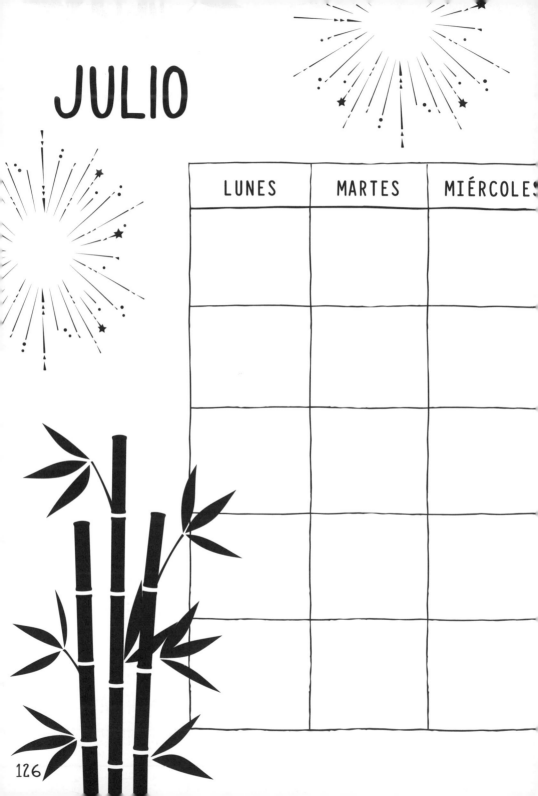

LUNES	MARTES	MIÉRCOLES

¿Crees que sería útil establecer
unos días al mes sin consumir?

JUEVES	VIERNES	SÁBADO	DOMINGO

AGOSTO

Contacta con la naturaleza

Elige una sola maestra; la naturaleza.

Rembrandt

EN JAPÓN EXISTE UNA PRÁCTICA LLAMADA **SHINRIN YOKU**, EN NUESTRO IDIOMA **BAÑOS DE BOSQUE**. SE HA DEMOSTRADO QUE LOS ÁRBOLES Y LAS PLANTAS SEGREGAN UN ACEITE MUY BENEFICIOSO PARA LA SALUD. ADEMÁS MEJORAN EL ESTADO DE ÁNIMO, EL ESTRÉS, LA FRECUENCIA CARDÍACA, DISMINUYEN LA ANSIEDAD, MEJORAN EL SUEÑO Y TIENEN UN PAPEL FUNDAMENTAL EN LA CURA DE LA DEPRESIÓN.

Una cura de naturaleza es necesaria, podríamos decir que imprescindible.

Visita con asiduidad la montaña, la playa o cualquier lugar alejado de la ciudad y de la rutina diaria.

Contempla la belleza de los árboles, del aire, de las estrellas o de la lluvia.

Vacía tu mente de todo ruido y siente la energía de la naturaleza, de la belleza.

Diez minutos al día serán suficientes para notar los efectos vigorizantes y reparadores de la naturaleza.

Deja un **RASTRO**
de algún tipo
(huellas, piedras
apiladas, flechas,
en los árboles,
cuerdas con
nudos...) en el
BOSQUE,
para que un AMIGO
te encuentre.

COSAS QUE PUEDES HACER PARA ESTAR EN CONTACTO CON LA NATURALEZA

1. SIÉNTATE EN LO ALTO DE UN ÁRBOL PARA PROTEGERLO DE LA TALA.
2. OBSERVA LOS CAMBIOS ESTACIONALES DE LA NATURALEZA.
3. BUSCA GOTAS DE AGUA DESPUÉS DE LA LLUVIA.
4. ATRAPA UNA HOJA CAÍDA ANTES DE QUE TOQUE EL SUELO.
5. CORRE DE MANERA QUE EL VIENTO TE DÉ EN LA CARA.
6. SIENTE CÓMO LA HIERBA HÚMEDA TE HACE COSQUILLAS EN LOS PIES.
7. HAZ UNA LISTA DE LOS COLORES QUE MÁS TE GUSTAN DE LA NATURALEZA.
8. CONSTRUYE ESCULTURAS DE ARENA.
9. DESPUÉS DE LA LLUVIA SAL A DIBUJAR EN EL BARRO.
10. ABRÁZATE A LOS ÁRBOLES.
11. CONSTRUYE UN REFUGIO PARA ANIMALES PEQUEÑOS.
12. HAZTE UN BAÑO DE ARCILLA.
13. DESCUBRE RINCONES SILVESTRES DE TU CIUDAD.
14. DECORA UN ÁRBOL CON HOJAS, FLORES, FRUTOS SALVAJES...
15. CONSTRUYE UN RELOJ DE SOL EN LA ARENA.
16. RECOGE CONCHAS Y MOLUSCOS DE LA PLAYA.
17. ORGANIZA UN PICNIC.
18. HAZ UN MUÑECO DE NIEVE.

EL **LAND ART**
UTILIZA MATERIALES Y OBJETOS
DE LA NATURALEZA (ARENA,
TRONCOS, CORTEZAS, HOJAS...)
PARA INTERVENIR EN LA
PROPIA NATURALEZA Y
PROVOCAR EMOCIONES
Y SENSACIONES A QUIEN
LOS CONTEMPLA.

Recoge hojas del bosque.
Píntalas ahí mismo.
Colócalas en forma de abanico
y déjalas en algún lugar a la vista
para que alguien pueda encontrarlas.

133

OBSERVA EL ATARDECER, RELÁJATE Y EVOCA EMOCIONES.

Recuerda aquí un atardecer especial para ti.

Despega tu oreja del móvil y prueba con una caracola de mar.

¿QUÉ OYES?

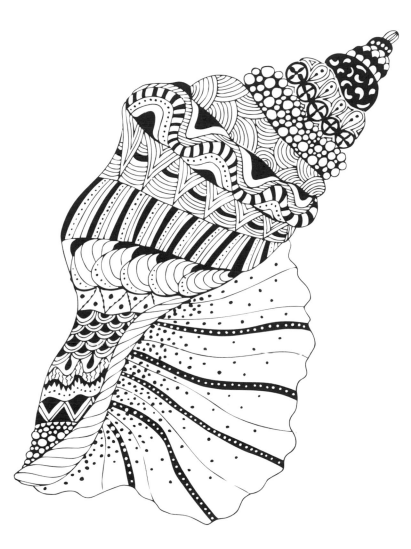

ESCRIBE EN LA ORILLA DEL MAR
ALGÚN PENSAMIENTO NEGATIVO
PARA QUE LO BORREN LAS OLAS.
Y SE LO LLEVEN BIEN LEJOS.

TÚMBATE MIRANDO EL CIELO Y LAS NUBES.
LLÉNALAS DE PENSAMIENTOS POSITIVOS Y SUEÑOS.

LA TRADICIÓN JAPONESA DE OBSERVAR LA BELLEZA DE LOS ÁRBOLES CON FLORES SE LLAMA *HANAMI*, PERO SE ASOCIA PRINCIPALMENTE A LA **OBSERVACIÓN DE LOS CEREZOS (LOS *SAKURA*)**, ÁRBOLES CASI SAGRADOS EN JAPÓN.

LA FLORACIÓN DE LOS CEREZOS MARCA EL INICIO DE LA PRIMAVERA Y PARQUES Y CALLES SON UNA ECLOSIÓN DE VIDA SU FLOR SE MANTIENE POCO TIEMPO EN EL ÁRBOL Y **DURANTE DOS MESES LLUEVEN PÉTALOS** TODO EL TIEMPO Y JAPÓN SE TIÑE DE ROSA.

LOS JAPONESES ADMIRAN LA **BELLEZA DE LO EFÍMERO**.

DESCUBRIR LA BELLEZA A TRAVÉS DE LOS DETALLES MÁS PEQUEÑOS, DE LA SIMPLICIDAD, DE LA MODERACIÓN. TE PERMITIRÁ VIVIR ARMÓNICAMENTE.

EL ARTE FLORAL JAPONÉS DE *IKEBANA*, UNE BELLEZA, NATURALEZA Y PAZ ESPIRITUAL.

NO SOLO ES UNA CONSTRUCCIÓN DECORATIVA MINUCIOSA, TAMBIÉN ES UNA MANERA DE EXPRESAR SENTIMIENTOS Y UN MÉTODO DE MEDITACIÓN, YA QUE SE CONSTRUYE EN SILENCIO Y CON PACIENCIA.

¿TE ATREVES A HACER TU ARREGLO FLORAL DE *IKEBANA*?

OBSERVA EL FIRMAMENTO

Si miras el cielo de noche, aparte de su belleza y su inmensidad, también podrás observar su variabilidad. Nos parece todo igual, sin embargo, hay estrellas, planetas, satélites, cometas, constelaciones...

Además, el cielo es totalmente cambiante: la luna se muestra distinta cada noche, los planetas hacen recorridos entre las estrellas, y las estrellas atrasan su aparición cuatro minutos. Y todo eso pasa en perfecta armonía. A partir de aquí, quizás puedas reflexionar sobre la diversidad humana.

Aquí tienes un planisferio celeste con la Estrella Polar y algunas constelaciones. Si quieres encontrarlas en el cielo, localiza primero la Osa Mayor, orienta el planisferio en la misma dirección y ya puedes empezar a buscar constelaciones.

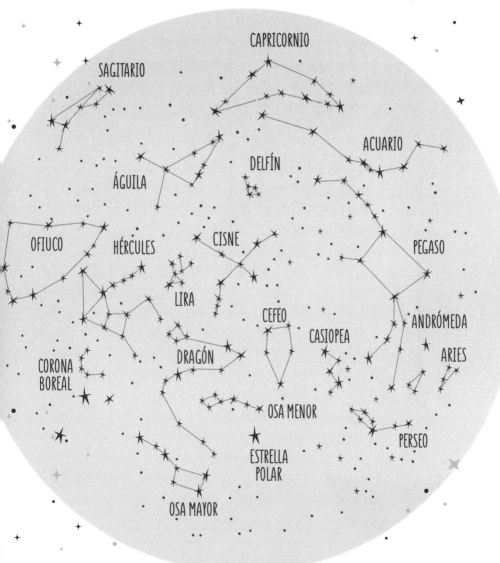

AGOSTO

Planifica los días en que, de la manera que sea, conectarás con la naturaleza.

LUNES	MARTES	MIÉRCOLES

JUEVES	VIERNES	SÁBADO	DOMINGO

SEPTIEMBRE

Aprende a sentir empatía

Mira con los ojos de otro, escucha con los ojos
de otro y siente con el corazón de otro.

Alfred Adler

LA **EMPATÍA** ES LA CAPACIDAD
PARA **IDENTIFICARSE CON OTRA
PERSONA**, PONERSE EN SU LUGAR
Y PERCIBIR LO QUE SIENTE.

LA EMPATÍA ES ESCUCHA,
OBSERVACIÓN, COMPRENSIÓN,
ACEPTACIÓN Y RESPETO.

ES UNA HABILIDAD QUE
PUEDE ENTRENARSE
Y QUE NOS CAPACITA PARA
GESTIONAR LOS CONFLICTOS.

LOS PRINCIPALES ENEMIGOS DE LA EMPATÍA SON:

- **EL EGOCENTRISMO,** que nos hace incapaces de salir de nuestro punto de vista y no nos deja ver a la otra persona, sino solo nuestro reflejo en ella.

- **LA INCAPACIDAD PARA MOSTRAR NUESTROS SENTIMIENTOS,** que nos impedirá comprender las emociones de los demás y expresar respeto hacia ellas.

- **LOS PREJUICIOS,** que provocan que nuestras ideas y creencias influyan a la hora de interpretar lo que les ocurre a los demás.

- **LA COMPASIÓN,** que reduce nuestra actuación al consuelo, sin una comprensión auténtica.

- **LA SIMPLIFICACIÓN,** consistente en minimizar la situación y reducirla a lo que hemos vivido nosotros, olvidando que hay muchas otras formas de pensar y de vivir.

- **LA CRÍTICA,** los reproches y la desaprobación.

- **LA TENDENCIA A SITUARNOS EN EL ROL DE JUEZ,** valorando y dictaminando desde nuestra posición.

APRENDE A ESCUCHAR.
NO ESCUCHES
PARA
RESPONDER,
ESCUCHA
PARA
COMPRENDER.

OÍR NO ES LO MISMO QUE ESCUCHAR. LA **ESCUCHA ACTIVA** ES UNA DE LAS CLAVES PARA COMUNICARSE CON LOS DEMÁS Y CONSISTE EN **COMPRENDER** NO SOLO LO QUE LA PERSONA ESTÁ EXPRESANDO DIRECTAMENTE, SINO TAMBIÉN LAS IDEAS Y SENTIMIENTOS SUBYACENTES A SUS PALABRAS.

- Mantén el contacto visual con la otra persona. Demuéstrale que te interesa lo que te está diciendo.

- Escucha también el lenguaje corporal de tu interlocutor.

- Mantén una postura corporal receptiva, con el cuerpo hacia delante como signo de atención.

- Sonríe y asiente con la cabeza para que tu interlocutor sepa que su información está siendo recibida.

- Utiliza expresiones faciales.

- Anima con pequeños comentarios a tu interlocutor a seguir.

- Refuerza el discurso del otro y hazle preguntas para aclarar los puntos dudosos.

- Haz comentarios con palabras positivas.

- No hagas comentarios negativos.

- No interrumpas su discurso.

- Evita que tu atención esté dividida. No atiendas a otros estímulos del entorno.

- Evita emitir juicios.

¿QUÉ VES EN ESTE DIBUJO?

SI PREGUNTAS A DISTINTAS PERSONAS, ALGUNAS TE DIRÁN QUE VEN UN POZO PROFUNDO Y OTRAS QUE HAY UN CONO CON LA PUNTA HACIA LA DERECHA. AMBAS RESPUESTAS SON CORRECTAS: SON DOS PUNTOS DE VISTA DIFERENTES SOBRE UNA MISMA COSA Y LOS DOS SON RESPETABLES.

TENER **EMPATÍA** SIGNIFICA JUSTAMENTE ESTO: ENTENDER QUE HAY DISTINTAS MANERAS DE INTERPRETAR LAS COSAS Y QUE ES NECESARIO **PONERSE EN EL LUGAR DEL OTRO** Y RESPETAR SUS OPINIONES.

¿ERES UNA PERSONA EMPÁTICA?

¿Con cuáles de las siguientes afirmaciones te identificas? Señala con una «E» las que te parezcan empáticas y con «NE» las que consideres que no lo son.

- Sé escuchar y lo hago con interés .... ☐

- Creo que mis problemas son más graves que los de los demás ... ☐

- Sé compartir las alegrías de los demás .... ☐

- Sé hacerle comprender al otro que lo entiendo .... ☐

- Espero que me agradezcan lo que hago por los demás .... ☐

- Procuro aportar soluciones a los problemas de los demás ... ☐

- Soy egoísta y me gusta ser el centro de todo .... ☐

- Sé interpretar el lenguaje no verbal y sintonizar con
  las actitudes de los demás .... ☐

- Consuelo a los demás cuando expresan emociones
  dolorosas o problemas .... ☐

- Soy solidario con la gente .... ☐

- Soy flexible, sé relativizar y adaptarme a situaciones diversas .. ☐

- Doy siempre la razón a la persona que está mal .... ☐

- Consigo que los demás se sientan seguros conmigo .... ☐

- No suelo actuar con autenticidad y naturalidad .... ☐

- Sé anticiparme a las necesidades de los demás .... ☐

- Respeto los tiempos del otro .... ☐

- Transmito aprobación y refuerzo a las otras personas .... ☐

- Voy de consejero experto y así controlo toda la situación .... ☐
- Identifico las emociones explícitas e implícitas de las otras personas .... ☐
- Utilizo a mi favor los puntos débiles de quien está mal .... ☐
- Ayudo a los demás a buscar aspectos positivos en las dificultades .... ☐
- No sé cómo mostrar cariño a alguien que se siente mal .... ☐
- Conecto con las preocupaciones y sentimientos de los demás ☐
- Sé calmar a alguien que se siente mal .... ☐
- Transmito calidez, interés y aprecio por los demás .... ☐
- No me interesa la realidad de las otras personas .... ☐
- Sé acompañar con palabras y abrazos a quien se siente mal . ☐
- Prejuzgo y juzgo a los demás .... ☐
- Respeto las conductas de los demás aunque no las apruebe ☐
- Interpreto lo que escucho desde mis circunstancias .... ☐
- Trato de ver lo mejor de las personas .... ☐
- Me cuesta tener consideración por los otros .... ☐
- Hablo más que escucho .... ☐

SELECCIONA UNA PERSONA A LA QUE CONOZCAS BIEN Y QUE MUESTRE ACTITUDES Y COMPORTAMIENTOS QUE TE RESULTEN DIFÍCILES COMPRENDER.

A continuación, realiza el siguiente ejercicio:

- Describe los comportamientos y las actitudes de la persona con la que te resulta difícil ser empático.

- Describe el tipo de situaciones en las que te resulta difícil entenderla. Y, a la vez, cuáles son tus comportamientos, emociones y reacciones frente a esta persona.

- Reflexiona sobre la manera de construir la realidad y la experiencia subjetiva de esta persona.

- Busca lo mejor de esta persona. ¿Qué ves?

- Busca en ti comportamientos similares a los de la otra persona.

- Adopta la forma de construir la realidad de la otra persona y conecta con sus emociones profundas.

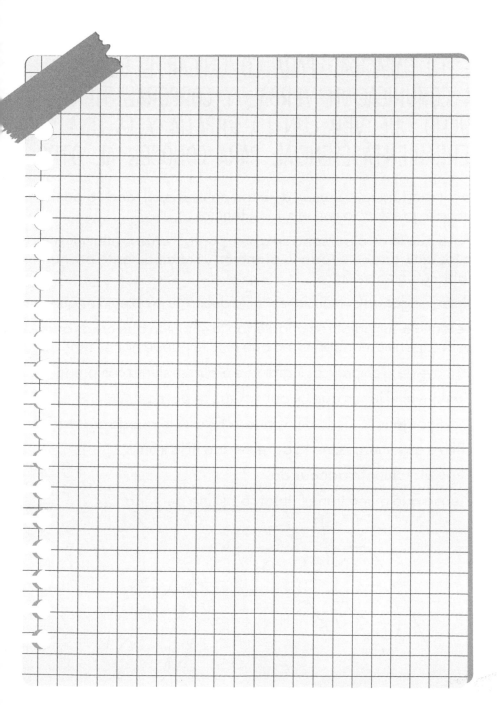

LA CALIDAD DE TUS RELACIONES DEPENDE DE TU CAPACIDAD PARA COMUNICARTE BIEN. LA COMUNICACIÓN VERBAL Y CORPORAL TIENE MUCHO QUE VER CON LA EMPATÍA Y ES UNA HERRAMIENTA ESENCIAL PARA CONOCER AL OTRO.

- Da importancia, además de a las palabras, al tono, la postura, la expresión, la mirada, los silencios...

- Para que la otra persona se abra, ponte frente a ella, mírala a los ojos, ofrécele toda tu atención y sencillamente pregúntale: «¿Cómo estás?».

- No expongas tus conclusiones. Evita decir: «Tu problema es que...».

- Reformula sus palabras añadiendo la emoción que creas que está experimentando: «Creo que esto te puede hacer sentir...».

- La clave de la empatía es lograr que el otro se sienta comprendido.

- Sustituye: «Tienes que...» por «¿Qué te parece...?».

- No digas jamás: «Te lo dije», sino «¿En qué te puedo ayudar?».

- Utiliza argumentos, no la agresividad ni la ironía.

- Elige el momento adecuado.

- Piensa que quien tienes delante es una persona.

FRASES QUE PUEDES DECIR EN LUGAR DE «NO LLORES»:

- Estoy contigo.
- Cuéntame qué te pasa.
- Te escucho.
- Te entiendo.
- Sé que es difícil para ti.
- No pasa nada por sentirse triste y manifestarlo.
- Te ayudaré a solucionarlo.
- Esto fue muy triste, decepcionante, desafortunado...
- Sé que quieres que te dé espacio, pero estaré aquí por si me necesitas. Cuando estés listo, házmelo saber.

SEPTIEMBRE

LUNES	MARTES	MIÉRCOLES

Recuerda qué días has realizado comportamientos empáticos y has conectado con emociones o vivencias de tu pareja, madre, padre, hermanos, amigos...

JUEVES	VIERNES	SÁBADO	DOMINGO

OCTUBRE

Pon orden en tu vida

El consumismo nos convierte en esclavos
de los muchos objetos que acumulamos.

Beth Penn

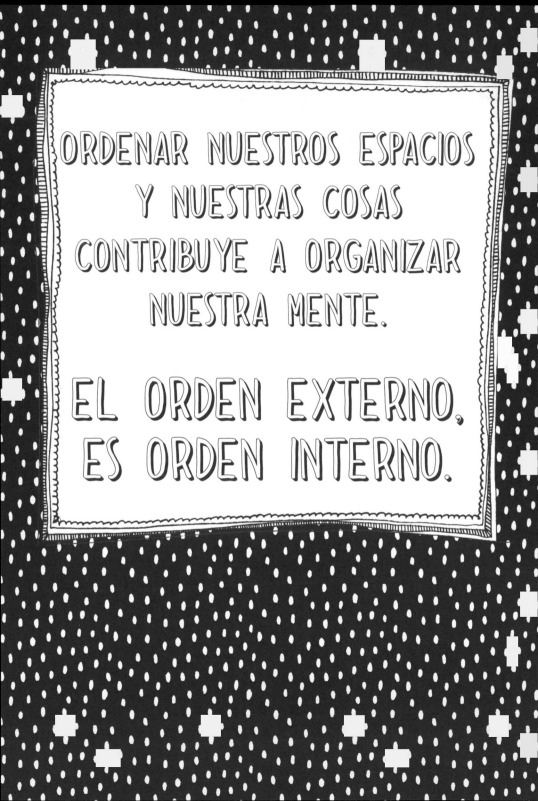

ORDENAR NUESTROS ESPACIOS Y NUESTRAS COSAS CONTRIBUYE A ORGANIZAR NUESTRA MENTE.

EL ORDEN EXTERNO, ES ORDEN INTERNO.

¿CONOCES LOS EFECTOS DEL DESORDEN?

- El desorden no permite que te concentres.
- El desorden causa estrés e incomodidad.
- El desorden produce inestabilidad, falta de enfoque, caos, confusión...
- El desorden provoca que consumas más.
- El desorden satura, las ideas dejan de fluir y los proyectos quedan por resolver.
- El desorden es insalubre.
- El desorden provoca energía negativa.
- El desorden deprime y no permite avanzar.
- El desorden es negativo para el medioambiente.
- El desorden causa irritabilidad y tensión en nuestras relaciones personales.

ORDENAR NO ES BUSCAR MÁS SITIO PARA GUARDAR, SINO GUARDAR LO QUE REALMENTE NECESITAS.

- Que no te dé miedo enfrentarte al caos. ¿Cuántos trastos tienes?

- No pretendas ordenar la casa en un solo día. Te agobiarás y abandonarás. No estés más de 3 horas seguidas ordenando.

- Haz una lista de las principales categorías de «cosas» que tienes en casa.

- Selecciona una categoría, reúne todos los objetos y clasifica: los que te quedas, los que donas, los que tiras, los que vendes y los que reciclas. Despréndete de ellos sin sentimiento de culpa.

- Primero, desecha, tira, regala... luego ya ordenarás.

- Para empezar a tirar, piensa qué cosas llevas más de 6 meses sin ver. Si las has guardado y no las has tocado, es que no las necesitas.

- Pregúntate si te aportan valor, si son realmente útiles para tu bienestar y felicidad. Reevalúa la utilidad real de los objetos que posees.

- Márcate una cantidad de cada cosa (7 pantalones, 2 sartenes...) y cuando la superes, empieza a tirar.

- Cuando los objetos ya han cumplido su función, tíralos.

- Tira periódicamente. Olvídate del «por si acaso».

- Por cada objeto nuevo que entre en tu casa, despréndete de otro similar que ya tengas.

- Asegúrate de que hay una buena razón para que los objetos formen parte de tu hogar.

- Calendariza, anota los días que vas a ordenar y qué estancias o categorías.

- Haz que las personas que viven en la casa participen.

- Comprométete con el orden: haz la cama nada más levantarte, recoge la cocina después de cada uso, guarda cada cosa en su sitio después de usarla... El mantenimiento diario te permitirá que haya orden y no se acumulen las cosas.

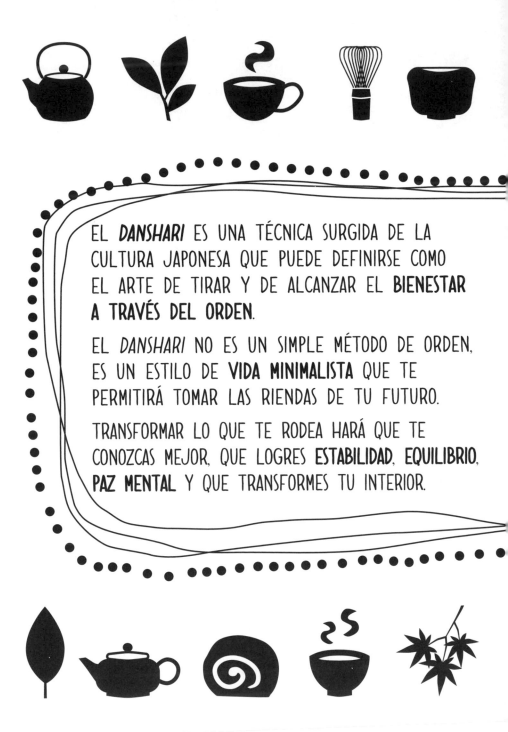

EL **DANSHARI** ES UNA TÉCNICA SURGIDA DE LA CULTURA JAPONESA QUE PUEDE DEFINIRSE COMO EL ARTE DE TIRAR Y DE ALCANZAR EL **BIENESTAR A TRAVÉS DEL ORDEN.**

EL *DANSHARI* NO ES UN SIMPLE MÉTODO DE ORDEN, ES UN ESTILO DE **VIDA MINIMALISTA** QUE TE PERMITIRÁ TOMAR LAS RIENDAS DE TU FUTURO.

TRANSFORMAR LO QUE TE RODEA HARÁ QUE TE CONOZCAS MEJOR, QUE LOGRES **ESTABILIDAD, EQUILIBRIO, PAZ MENTAL** Y QUE TRANSFORMES TU INTERIOR.

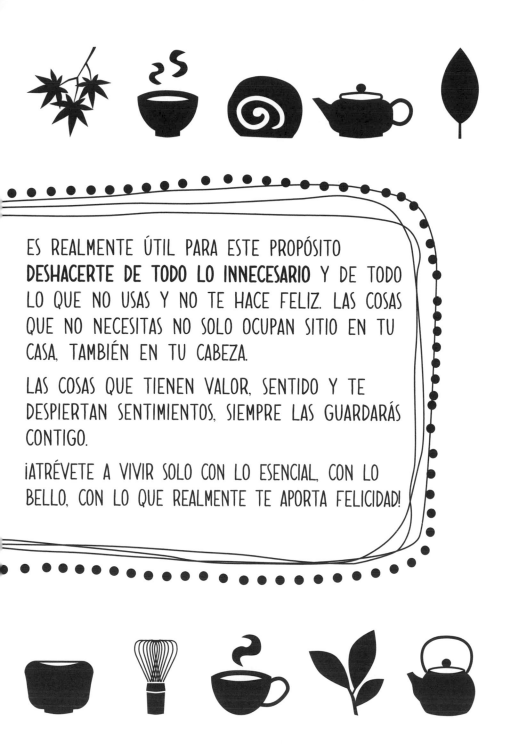

ES REALMENTE ÚTIL PARA ESTE PROPÓSITO **DESHACERTE DE TODO LO INNECESARIO** Y DE TODO LO QUE NO USAS Y NO TE HACE FELIZ. LAS COSAS QUE NO NECESITAS NO SOLO OCUPAN SITIO EN TU CASA, TAMBIÉN EN TU CABEZA.

LAS COSAS QUE TIENEN VALOR, SENTIDO Y TE DESPIERTAN SENTIMIENTOS, SIEMPRE LAS GUARDARÁS CONTIGO.

¡ATRÉVETE A VIVIR SOLO CON LO ESENCIAL, CON LO BELLO, CON LO QUE REALMENTE TE APORTA FELICIDAD!

LAS COSAS DEBEN CUMPLIR UNA FUNCIÓN EN EL MOMENTO PRESENTE; SI NO ¿PARA QUÉ LAS QUEREMOS CON NOSOTROS?

31 COSAS QUE TIRAR EN LOS PRÓXIMOS 31 DÍAS:

1. LOS MEDICAMENTOS CADUCADOS.
2. LOS MANUALES DE INSTRUCCIONES Y LAS GARANTÍAS CADUCADAS.
3. LOS ALIMENTOS Y LATAS CADUCADAS DE LA DESPENSA.
4. CARGADORES, BATERÍAS Y CABLES NO SE SABE DE QUÉ.
5. LOS CALCETINES DESPAREJADOS Y ROPA INTERIOR DESGASTADA.
6. LAS PLANTAS VIEJAS Y ENFERMAS.
7. LAS AGENDAS DE AÑOS ANTERIORES.
8. LAS REVISTAS Y PERIÓDICOS VIEJOS.
9. JUEGOS Y JUGUETES ROTOS O INCOMPLETOS.
10. FACTURAS Y PAPELES DE HACE MUCHO TIEMPO.
11. ROPA EN MAL ESTADO Y CALZADO QUE NO TE PONES.
12. LAS SARTENES QUE TE REGALÓ EL BANCO.
13. LAS PELÍCULAS EN FORMATOS ANTIGUOS.
14. LOS LIBROS Y APUNTES DE CUANDO ESTUDIABAS.
15. LAS LLAVES QUE NO SABES A QUÉ PUERTA PERTENECEN.
16. LOS BOTES DE ESPECIAS QUE NUNCA USAS.
17. LOS BOLSOS Y COMPLEMENTOS QUE NUNCA TE PONES.
18. LOS REGALOS QUE NO TE GUSTAN.

19 LOS SOUVENIRS QUE NO SABES DÓNDE PONER.

20 LAS PERCHAS DE ALAMBRE QUE DAN EN LAS TINTORERÍAS.

21 LOS UTENSILIOS DE COCINA DUPLICADOS.

22 LAS TARJETAS DE PRESENTACIÓN QUE TIENES EN UN CAJÓN.

23 INVITACIONES, ENTRADAS Y RECORDATORIOS.

24 LOS MÓVILES DEL PASADO.

25 LAS MUESTRAS DE COSMÉTICOS.

26 TARJETAS BANCARIAS Y OTRAS CADUCADAS.

27 LOS LIBROS QUE NO VAS A LEER.

28 VIEJOS ADORNOS NAVIDEÑOS.

29 LOS PRODUCTOS DE BELLEZA SECOS.

30 LAS TOALLAS Y LAS SÁBANAS VIEJAS.

31 EL EXCESO DE TÁPERS.

Es importante cambiar la relación que establecemos con los objetos.

Las cosas solo son cosas.

Cambia tus prioridades y céntrate en lo que verdaderamente importa: tu familia, tus amigos, tus proyectos, tus aficiones...

Haz que tus nuevas cosas no sean cosas, sino experiencias.

NO SOLO NUESTRAS CASAS SE HAN LLENADO DE COSAS;
TAMBIÉN NUESTRA VIDA SE HA SATURADO DE ACTIVIDADES,
COMPROMISOS, NECESIDADES...

LA MAYORÍA DE LAS PERSONAS SE QUEJAN DE NO TENER
TIEMPO Y ESO LES PROVOCA ANSIEDAD, PERO EL PROBLEMA
NO ES LA FALTA DE TIEMPO, SINO LA DESORGANIZACIÓN.

LA ORGANIZACIÓN Y PLANIFICACIÓN DE NUESTRAS ACTIVIDADES
TIENEN UN CARÁCTER PREVENTIVO Y, A SU VEZ
MULTIPLICADOR DEL TIEMPO.

CLAVES PARA QUE EL DÍA NO PAREZCA TENER MENOS HORAS DE LAS QUE TIENE

Despeja tu horario, no llenes tu agenda diaria, todo no se puede hacer en un día. Sácate presión.

La percepción del tiempo es importante. Anota en qué inviertes tu tiempo y piensa si concuerda con tus objetivos.

De 9:00 a 11:00 realiza las cosas urgentes e importantes; de 12:00 a 13:00 lo importante pero no urgente; de 14:00 a 15:00 lo urgente y no importante; y al final resuelve lo no urgente y no importante.

En lugar de posponer, divide las tareas en actividades. Prioriza y anótalo en la agenda.

Elimina distracciones: reduce tiempo innecesario en las redes, consulta el mail 2 o 3 veces al día, reduce el uso del móvil y el consumo de TV...

HACER LISTAS ES UNA MANERA PRÁCTICA Y SENCILLA DE ORGANIZAR TU DÍA A DÍA, GANAR TIEMPO, SER MÁS EFICAZ, SEGUIR UN ORDEN PARA NO OLVIDAR COSAS IMPORTANTES O INCORPORAR NUEVAS RUTINAS, METODOLOGÍAS Y DINÁMICAS.

Temas para listas que te serán muy útiles:

- Tareas de limpieza semanal.

- Tareas de la casa que pueden hacer tus hijos.

- Compra semanal.

- Imprescindibles para marchar de vacaciones.

- Cosas necesarias para iniciar el curso escolar.

- Temas pendientes que quieres conseguir este año.

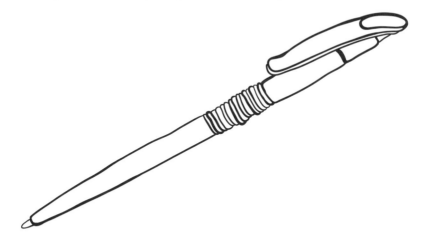

Crea aquí una lista propia.

☐...

☐...

☐...

☐...

☐...

☐...

☐...

☐...

☐...

☐...

☐...

☐...

☐...

OCTUBRE

LUNES	MARTES	MIÉRCOLE.

Dibuja un punto en los días que has aprovechado
las circunstancias para poner orden a tu vida,
a tu casa o a tu trabajo.

JUEVES	VIERNES	SÁBADO	DOMINGO

NOVIEMBRE

Da rienda suelta a tu creatividad

La creatividad requiere del valor de desprenderse de las certezas.

Erich Fromm

creatividad De creativo e -idad. *f.* Capacidad de crear nuevas ideas con valor y generar propuestas disruptivas, resolver retos de manera original y afrontar problemas desde perspectivas distintas e innovadoras.

¿QUIERES SABER CÓMO SON LAS PERSONAS CREATIVAS?

1. POSEEN UN BUEN COEFICIENTE INTELECTUAL Y FLEXIBILIDAD INTELECTUAL.
2. SU PENSAMIENTO NO ES CONVENCIONAL.
3. SON INDEPENDIENTES Y AUTÓNOMOS.
4. TAMBIÉN PERSEVERANTES.
5. TIENE ALTA MOTIVACIÓN Y AFÁN DE SABER.
6. GRAN AMPLITUD DE INTERESES.
7. GRAN SENTIDO DEL HUMOR.
8. BUSCAN ALTERNATIVAS A LA RUTINA.
9. SON RESPETUOSOS Y TOLERANTES.
10. DE UNA CURIOSIDAD INSACIABLE.
11. SON EQUILIBRADOS, ESPONTÁNEOS Y SOCIABLES.
12. TIENEN SEGURIDAD Y CONFIANZA EN SÍ MISMOS.
13. POSEEN AUTODISCIPLINA Y AUTOCONTROL.
14. PREFIEREN LAS TAREAS COMPLEJAS.
15. TOLERAN BIEN LA AMBIGÜEDAD.
16. ESTÁN ABIERTOS A NUEVAS IDEAS E INICIATIVAS.

¿Sientes que tu creatividad está estancada?
Estas acciones te ayudarán a mantenerte creativo.

DI «TAL VEZ» Y ÁBRETE A TODAS LAS POSIBILIDADES. SÉ RECEPTIVO A NUEVAS IDEAS.

ASUME RIESGOS. ATRÉVETE A HACER ALGO QUE NUNCA HAYAS HECHO.

TEN CONFIANZA LA INSEGURIDAD PUEDE BLOQUEAR LA CREATIVIDAD.

ESCRIBE MUCHO. QUE NO TE DÉ MIEDO EXPLORAR LO INSÓLITO.

CUESTIÓNATELO TODO. VIVE NUEVAS EXPERIENCIAS. APRENDE UNA NUEVA HABILIDAD.

DESCUBRE TU MOMENTO MÁS CREATIVO, EN EL QUE FLUYEN MEJOR TUS IDEAS.

BUSCA FUENTES DE INSPIRACIÓN: LEE LIBROS, ESCRIBE, CONVERSA, ASISTE AL TEATRO, VISITA MUSEOS Y GALERÍAS.

AMA LO QUE HACES. SÉ CURIOSO. EXPERIMENTA.

PREGÚNTATE CÓMO SE INVENTÓ CUALQUIER ARTEFACTO QUE USES.

REPLANTEA TUS OBJETIVOS CONSTANTEMENTE.

SÉ ACTIVO Y POSITIVO PARA QUE FLUYA LA CREATIVIDAD.

PRUEBA ALIMENTOS QUE NUNCA TE HAS ATREVIDO A COMER.

SAL DE TU MARCO DE REFERENCIA RODÉATE DE GENTE CREATIVA

SÉ FLEXIBLE.

DUERME BIEN. EL DESCANSO CREA NUEVAS CONEXIONES MENTALES.

COLABORA CON LOS DEMÁS.

PLANTÉATE RETOS CADA VEZ MÁS COMPLEJOS.

VE POR CAMINOS QUE NUNCA HAYAS RECORRIDO.

NO TENGAS MIEDO AL FRACASO. LOS ERRORES SON PARTE DEL PROCESO.

ACEPTA LAS AYUDAS Y LAS CRÍTICAS DE LOS DEMÁS.

NUEVOS ENFOQUES.

NO TE OBSESIONES CON LA PERFECCIÓN, ACTÚA MÁS Y JÚZGATE MENOS.

ENCUENTRA NUEVOS HOBBIES.

PRACTICA LA TÉCNICA DE LA LLUVIA DE IDEAS.

ROMPE RUTINAS Y ÁBRETE A TODAS LAS POSIBILIDADES. ACEPTA QUE EL CAMBIO ES POSIBLE.

SUEÑA DESPIERTO.

VIAJA.

PREGUNTA TUS DUDAS Y CONTRASTA OPINIONES. LAS NUEVAS PERSPECTIVAS APORTAN.

PIENSA COMO UN GENIO, IMAGÍNATE QUÉ HARÍA ALGUIEN IMPORTANTE QUE ADMIRES.

RELACIÓNATE CON GENTE DE OTRA PARTE DEL MUNDO.

NO TE CIERRES NI TE ESTANQUES.

ACEPTA QUE EL CAMBIO ES POSIBLE.

MEDITA

Arruga un papel hasta hacer una pelota.
Vuelve a estirar y aplanar la hoja de papel.

¿QUÉ VES?

DESCUBRE LAS FIGURAS QUE APARECEN CON LAS ARRUGAS. PUEDES INVITAR A OTROS A DESCUBRIR QUÉ VEN.

Haz una lista de cosas imposibles, después piensa cómo harías posible cada una de ellas, aunque sea de manera descabellada.

¡DA PERMISO A LAS IDEAS ABSURDAS!

UNA DE LAS DINÁMICAS PRINCIPALES PARA DESARROLLAR LA CREATIVIDAD ES LA CONOCIDA **LLUVIA DE IDEAS** O *BRAINSTORMING*. EL OBJETIVO DE ESTA TÉCNICA ES **GENERAR TANTAS IDEAS** COMO SEA POSIBLE PARA ENCONTRAR **SOLUCIONES A PROBLEMAS**, DUDAS O RETOS. SE PUEDE PRACTICAR EN GRUPO O EN SOLITARIO.

Plantea el problema de forma breve y clara.

A continuación, deja correr tus pensamientos, al azar, hacia territorios desconocidos. Seguro que encuentras sorpresas.

Escríbelos, grábalos, fotografía todo lo que surja de tu lluvia de ideas. Es muy tentador quedarse con la primera buena idea que se te pasa por la cabeza pero si haces esto, puedes perder muchas otras soluciones que pueden resultar mejores. Cuantas más ideas, más posibilidades de que alguna sea brillante. Incluso las malas ideas pueden ser la semilla de algunas buenas.

Pasada esta fase de evocación, deberás pulir, clarificar y valorar lo anotado hasta llegar a la mejor alternativa.

¿POR QUÉ TE EMPEÑAS EN SEGUIR LA PERFECCIÓN?

EL PERFECCIONISMO
SE ENCUENTRA EN
EL LADO OPUESTO
DE LA CREATIVIDAD.

AL CONTRARIO
DE LO QUE PARECE,
EL PERFECCIONISMO NO
PERSIGUE LO MEJOR,
SINO QUE SACA LO
PEOR DE NOSOTROS,
EL FANTASMA QUE NOS
RECUERDA QUE NADA DE
LO QUE HACEMOS
ES LO BASTANTE BUENO.

NO TENGAS MIEDO, EXPERIMENTA, PRUEBA, SUÉLTATE Y DISFRUTA DE LA IMPERFECCIÓN.

EL CÍRCULO VICIOSO DEL PERFECCIONISMO

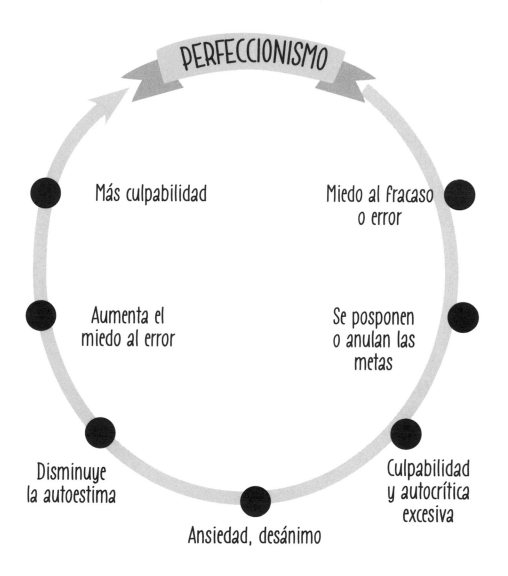

PERFECCIONISMO

Más culpabilidad

Miedo al fracaso
o error

Aumenta el
miedo al error

Se posponen
o anulan las
metas

Disminuye
la autoestima

Culpabilidad
y autocrítica
excesiva

Ansiedad, desánimo

¿QUIERES HACER UN JUEGO Y SABER QUÉ LADO DE TU CEREBRO ES EL DOMINANTE?

Lee y piensa con cuál te identificas.

LADO IZQUIERDO

Las personas con el lado izquierdo dominante tienen un **pensamiento convergente**.

Son racionales, lógicas, analíticas y convencionales.

Focalizan. Se mueven en una dirección, en un plano.

Buscan la respuesta única y convencional a un problema.

Saben hacia dónde van en todo momento. Tienen límites definidos.

Elaboran las respuestas a partir de una información preexistente. La respuesta no se construye.

LADO DERECHO

Las personas con el lado derecho dominante tienen un **pensamiento divergente**.

Son irracionales, originales, creativas, impulsivas, intuitivas y emocionales.

Actúan en varios planos, incorporan diferentes perspectivas y encuentran más de una solución.

No siguen los patrones lógicos.

Están abiertos a todas las posibilidades. Son flexibles. No tienen límites definidos.

Plantean una nueva forma de enfocar las situaciones.

EL **PENSAMIENTO DIVERGENTE** ES DE SUMA IMPORTANCIA PARA
ADQUIRIR UNA **ACTITUD CREATIVA, ABIERTA** Y **LIBRE** FRENTE
A LA VIDA Y LA CAPACIDAD DE PENSAR DE FORMA CREATIVA
ES INDISPENSABLE PARA TOMAR DECISIONES, POSEER UN PENSAMIENTO
CRÍTICO Y AHONDAR CON MAYOR INTENSIDAD EN LOS PROBLEMAS.

Empieza a crear el hábito de desarrollar
tu creatividad.

¿Qué otros usos le puedes dar a una percha?

Albert Einstein dijo: «*La lógica te llevará desde A hasta B. La imaginación te llevará a todas partes*».

Escribe la mejor idea que hayas tenido nunca: para escribir un libro, para montar un negocio, para salvar el mundo...

_____

_____

_____

_____

_____

_____

_____

_____

_____

_____

_____

_____

_____

_____

_____

_____

_____

NOVIEMBRE

LUNES	MARTES	MIÉRCOLE

¿Qué días has salido de tu rutina y has hecho cosas que deseabas?
¿Y cosas que temías? Señálalas con distinto color.

JUEVES	VIERNES	SÁBADO	DOMINGO

DICIEMBRE

La felicidad existe

La felicidad no es algo que se encuentre, sino algo que se construye.

Arnaud Desjardins

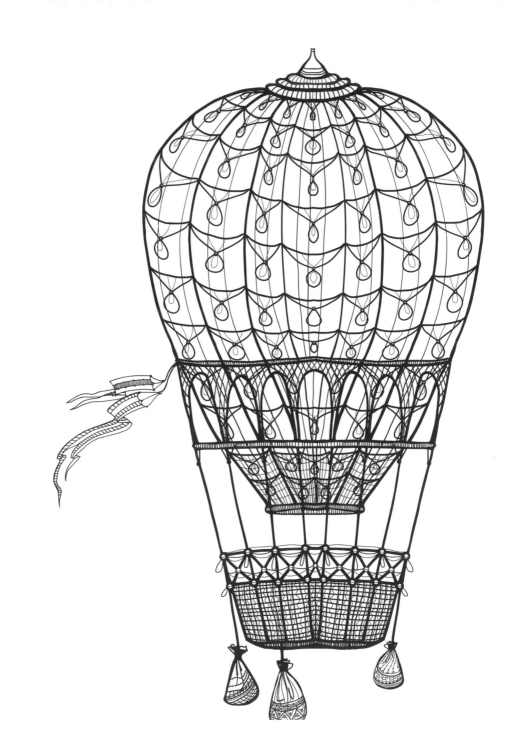

¿CÓMO CALIFICAS TU VIDA?

¿PROGRESAS EN LA CONSECUCIÓN
DE TUS METAS?

¿HAY UN DESFASE ENTRE
EL LUGAR DONDE ESTÁS
Y EL QUE TE GUSTARÍA ESTAR?

¿QUÉ ENTIENDES POR FELICIDAD?

¿QUÉ COSAS TE HACEN FELIZ?

¿DÓNDE BUSCAS LA FELICIDAD,
EN ACONTECIMIENTOS EXTERNOS Y
MATERIALES O EN TU INTERIOR?

¿QUÉ PALABRAS ASOCIAS CON FELICIDAD?

Escribe tantas como puedas. A continuación,
haz una lista de 10 cosas que te hagan feliz.

LA **AUTOESTIMA** ES EL PILAR
QUE CONSTRUYE NUESTRO BIENESTAR
Y NUESTRO CRECIMIENTO PERSONAL.
LA MANERA COMO NOS SENTIMOS EN RELACIÓN
A NOSOTROS MISMOS AFECTA A TODOS LOS
ASPECTOS DE NUESTRA VIDA. PARA SER FELIZ
DEBES **QUERERTE A TI MISMO.** SOLO TÚ ERES
RESPONSABLE DE TU PROPIA FELICIDAD.
REPITE ESTE MANTRA SIN CESAR:

SOY RESPONSABLE DE MI FELICIDAD.

SOY RESPONSABLE DE MI FELICIDAD.

SOY RESPONSABLE DE MI FELICIDAD.

LA FELICIDAD ES LA PRINCIPAL VOCACIÓN DEL SER HUMANO. ESTE SIEMPRE SE HA PLANTEADO PERSEGUIR LA FELICIDAD COMO UNA META, COMO UN ESTADO DE BIENESTAR IDEAL Y PERMANENTE AL QUE LLEGAR.

¡BUSCA TU FELICIDAD !

1. DISEÑA UNOS OBJETIVOS MOTIVADORES QUE GUÍEN TU VIDA .

2. SÉ ACTIVO Y PERMANECE OCUPADO.

3. VIVE, SABOREA EL PRESENTE Y BUSCA EL SENTIDO DE LA VIDA.

4. SÉ PRODUCTIVO EN UN TRABAJO SIGNIFICATIVO.

5. ADMINISTRA EL TIEMPO DE MANERA INTELIGENTE.

6. DETÉN LAS PREOCUPACIONES Y LOS PROBLEMAS.

7. EQUILIBRA LAS METAS Y LAS EXPECTATIVAS.

8. DESARROLLA UN ESTILO DE PENSAMIENTO POSITIVO Y OPTIMISTA.

9. ELIMINA LOS SENTIMIENTOS NEGATIVOS.

10. DEFIENDE ALGUNA CAUSA Y/O CONTRIBUYE EN UN HECHO SOCIAL O SOLIDARIO.

11. USA TODAS TUS FORTALEZAS.

12. MANIFIESTA GRATITUD Y GENEROSIDAD.

13. BUSCA PERMANENTEMENTE TU DESARROLLO COMO PERSONA.

14. DESARROLLA UNA PERSONALIDAD SOCIABLE, DEDICA TIEMPO A LA VIDA SOCIAL.

15. SÉ TU MISMO.

16. EXPRESA LO QUE SIENTAS.

17. ALÉGRATE DE LA FELICIDAD DE LOS DEMÁS.

18. NO DEJES DE SOÑAR. APRECIA LA FELICIDAD.

APOYAR

OBSERVAR

CONECTAR

COMPARTIR

ALIVIAR

OFRECER

APRECIAR

AMAR

COOPERAR

Estos verbos conforman una lista de maneras activas para llegar a la felicidad implicándote con los demás.

¿Cuáles practicas?

ESCUCHAR

TRANQUILIZAR

APROBAR

AYUDAR

CONFIAR

RECOMENDAR

LIBERAR

AUNQUE TODO ESTÉ NEGRO COMO EL CARBÓN, SÉ POSITIVO

LAS EMOCIONES POSITIVAS DAN SENTIDO A NUESTRA VIDA Y NOS AYUDAN A ALCANZAR LA FELICIDAD. SI NOS CENTRAMOS EN ELLAS, NOS LIBERAREMOS DE LOS PENSAMIENTOS QUE NOS DEBILITAN.

VIVE PLENAMENTE EL PRESENTE Y SABORÉALO CON LOS DEMÁS. CELEBRA TUS LOGROS Y ATRÉVETE A SOÑAR. Y SIGUE EXPERIMENTANDO, PORQUE ENTRARÁS EN UNA ESPIRAL DE POSITIVIDAD, QUE TE CONDUCIRÁ AL BIENESTAR Y A LA FELICIDAD.

Escribe alguna cosa que puedas hacer para que tu vida sea un poco más positiva.

....

....

....

REÍR ES SALUDABLE

NO SOLO PERMITE ALCANZAR UN ESTADO DE PLACER, SINO QUE DESENCADENA UNA GRAN CARGA EMOCIONAL.

EN MOMENTOS DE BAJÓN ACUÉRDATE DE REÍR Y SACAR UNA SONRISA A ALGUIEN DE TU ENTORNO.

SONRÍE Y EL MUNDO TE DEVOLVERÁ LA SONRISA.

RAZONES POR LAS QUE ES BUENO REÍR:

GENERA ENDORFINAS, LIBERA EMOCIONES REPRIMIDAS, ALIVIA LA ANGUSTIA Y LA TENSIÓN, POTENCIA LA CREATIVIDAD, DA ENERGÍA PARA AFRONTAR EL DÍA, INCREMENTA LA CONFIANZA EN UNO MISMO, MEJORA LA MEMORIA, TE HACE MÁS PRODUCTIVO, TIENE UN EFECTO POSITIVO EN LOS PATRONES DE SUEÑO, TE AYUDA A QUEMAR CALORÍAS, VENTILA LOS PULMONES, REFUERZA EL SISTEMA INMUNOLÓGICO...

Recuerda momentos en los que te has partido de risa.

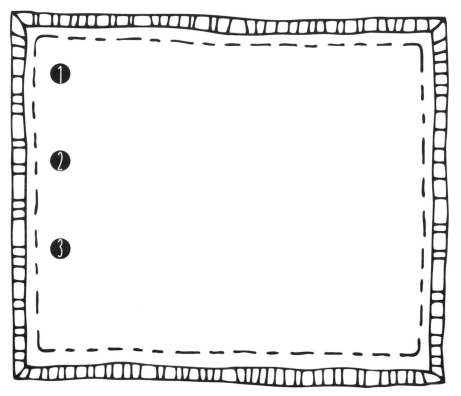

RASGOS CLAVES DE LAS PERSONAS FELICES

- Se socializan sin problema y gozan de popularidad.
- Tienen un fuerte control interno.
- Se quieren y se potencian en todos los sentidos.
- Aceptan sus circunstancias, pero persiguen lo que quieren.
- Viven en constante apertura.
- Se marcan metas posibles.
- Hacen cosas que temen y también que desean.
- Aprenden de todo lo que les rodea.
- Viven el presente.
- Son más creativos.
- Tienen más capacidad para la multitarea y la concentración.
- Su carácter es poco hostil y no son egocéntricos.
- Más predispuestos a ayudar.
- Adoptan una actitud activa frente a los acontecimientos.
- Son conscientes de lo que realmente sienten.
- Asumen la plena responsabilidad de sus comportamientos.
- Descansan correctamente.
- Se alimentan de forma equilibrada y hacen ejercicio.

¿CUÁLES DE ESTOS RASGOS COMPARTES?

INICIA TU CAMINO HACIA LA FELICIDAD PLANTEÁNDOTE LAS SIGUIENTES CUESTIONES:

ENCUENTRA TU *IKIGAI*

IKIGAI ES UN CONCEPTO JAPONÉS QUE SIGNIFICA LITERALMENTE **"LA RAZÓN DE VIVIR"**. ES UNA BÚSQUEDA INTERIOR DEL SENTIDO DE LA VIDA.

EL *IKIGAI* ES LA RAZÓN POR LA QUE NOS LEVANTAMOS CADA LA MAÑANA.

TODO EL MUNDO TIENE UN *IKIGAI* ESCONDIDO EN SU INTERIOR. HARÁ FALTA TIEMPO Y TRABAJO DE INTROSPECCIÓN PARA ENCONTRARLO.

¿Te gustaría conocer el tuyo?
Empieza esa andadura completando
el gráfico de la derecha.

¿Qué te gusta?

Lo que amas

¿Qué necesita el mundo?

En lo que eres bueno

PASIÓN

MISIÓN

IKIGAI

Lo que crees que puedes ofrecer al mundo.

PROFESIÓN

VOCACIÓN

Aquello por lo que te pagan

¿Qué trabajo remunerado puedes hacer?

¿Qué se te da bien?

¿Qué sucede cuando se une lo que amas con lo que se te da bien? Que encuentras tu **pasión**. ¿Y cuando se une lo que se te da bien con lo que otros están dispuestos a pagar? Que tienes tu **profesión**.

En el momento en que se une lo que puedes hacer por el resto del mundo con algo que te pueden pagar es cuando encuentras tu **vocación**. En el lugar donde se une lo que de verdad te gusta y te hace feliz con aquello que el mundo necesita, es donde se encuentra tu **misión en la vida**.

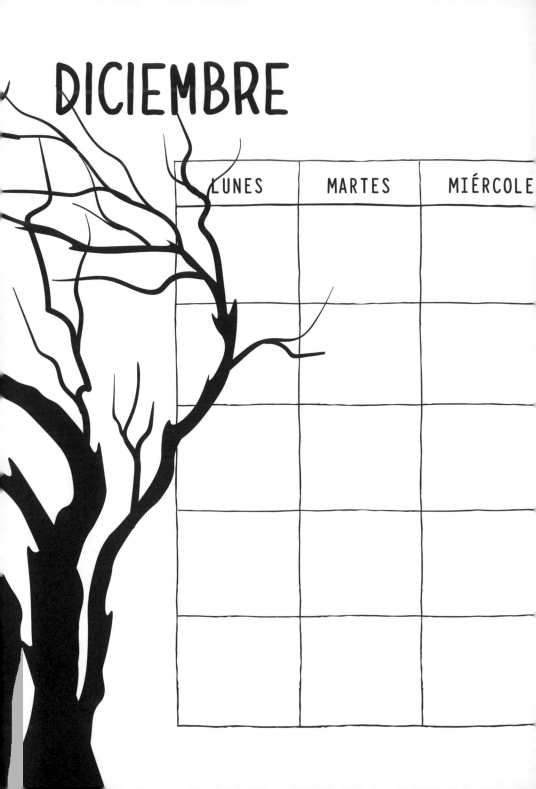

DICIEMBRE

LUNES	MARTES	MIÉRCOLE

Señala los días en que hayas cambiado alguna cosa en ti
y tomado un nuevo rumbo en busca de la felicidad.

JUEVES	VIERNES	SÁBADO	DOMINGO

Copyright © 2022 *by* Àngels Navarro
Autora representada por IMC Agencia Literaria S.L.
Diseño y maquetación: Núria Sola
All Rights Reserved
© 2022 by Ediciones Urano, S.A.U
Plaza de los Reyes Magos, 8, piso 1.ª C y D – 28007 Madrid
www.terapiasverdes.com

ISBN: 978-84-16972-93-7
Depósito legal: B-7.403-2022

Impresión LIBERDÚPLEX
Ctra. BV 2249 km 7,4 – Polígono Industrial Torrentofondo
08791 Sant Llorenç d'Hortons (Barcelona)

Impreso en España – *Printed in Spain*